移工怎麼都在直播

江婉琦——著

推薦序

知彼知己，亦彼亦己

方念萱（國立政治大學新聞系副教授）

我：我想問千歲爺爺，為什麼人會在另外一個人身上貼標籤？

千：那個就是觀察不徹底。

（頁二二一）

什麼會是「徹底」的觀察？我在全書近尾，看到〈關於移工，向神明爺爺問問題〉一章中，婉琦向南天李府三千歲請益的這段問答，像是當頭棒喝，我怔怔地看著這兩行文字許久。

我是在認識婉琦好一陣子之後，才發現原來她就是我早先讀過的報導的作者記者。婉琦寫信給我、我們第一回通信，是在二〇一九年八月夏天。婉琦開頭自介說到她是民族系三年級的學生，同時也在燦爛時光東南亞主題書店擔任長工。句末配上一個笑臉，我腦中浮現文靜秀氣的女生模樣。她在第一封信裡附上她之前作品；她清楚我的課考慮收外系學生時，我要先瞭解採寫經驗與作品。可能是我當下人在國外旅遊，覆信時，想著加收學生一事，我沒多留意作品。一直到在課上，講到「族群」議題，備課時我讀著充作教材的多樣報導，這才赫然發現兩年前我在《移人》看到、收起，想著要當做教材的〈臺南菲律賓模特選美—我們從未看過的移工樣貌〉一文，文章作者就是課上的婉琦啊。婉琦在二〇一七年報導由四位菲律賓移工發起的選美比賽文中，有一段描寫這場選美重點不是要在才藝美醜上一較高下，重要的是選手能否以姿勢與動作製造娛樂性、話題性，

> 紅毯中央刻意擺放的行李箱，則是作為道具考驗選手們對於題材的隨機應變，對贊助商與評審們來說，每位選手如何運用道具顯現自身氣勢、或是藉由自身妝點襯托出道具的價值，成為了評審們評分的要點和贊助商看見每位模特兒能力的方式（江婉琦，二〇一七年七月十三日）

多年前讀到這段文字，我印象深刻。該時還不認識作者的我，覺得作者全然沒有諷刺意味，就是自然直白地寫出所見，但是也就因為聚焦現場，明明寫的是審美場上主角與用以表現主角特質的工具的一幕，我卻怎麼就讀到了聚光燈下臺灣移工被擺放的常態，只是那就是人與道具、人與工具合為一、人就是工具、人因其是工具而

有了讚賞與價值。我讀得太用力了，可能，也許就是批判的本能，但是作者沒有，作者沒有重複寫著「人當物用」的現場，而是寫出立體、渾圓、也有稜有角的人。我喜歡那篇報導，因此收藏了，完全不記得作者名姓，但是記住了報導裡的人與物。

二〇二二年夏天有幸讀到婉琦的新作，與書裡人物謀面，有電動車選美賽選手、在蓮池潭唱臺語歌的外勞、在都蘭唱歌「殺雞」的Wanti（婉蒂）、參加東港迎王打鼓助陣的王哥、在中正大學找到流星花園裡英德學院而來的蒂蒂，還有他們身邊的阿嬤阿公、阿娣離不開腦性麻痺的小傑、歸納起外勞頭頭是道的方姊。在作者筆下，不在伸展臺上的移工，在書裡似乎無處不可伸展。一樣不比美醜勝敗才智高下，也沒有用來製造娛樂性話題性的姿勢與動作，書裡移工娓娓道來，離鄉前後的人生在讀者眼前展開。在書裡前半，我看不太到婉琦，卻拚命地找婉琦，不因為這回閱讀我已是一個自認為熟知她的讀者，而是因為過去教她採寫報導，這次閱讀卻有著既熟悉又陌生的感覺，不住自問，「她是怎麼辦到的？」訪問經歷、年紀、所在、用語都不同的移工，婉琦如何進行？我非常希望看到婉琦的後記啊。

五年以後，在我初讀〈臺南菲律賓模特選美─我們從未看過的移工樣貌〉的五年以後，同一位作者寫完了一整本書。看起來，她愈寫愈不明白，直到書末，在問的還是「為什麼人會在另外一個人身上貼標籤」。也許在社會學、傳播學、心理學課上，這都是個問也不會再問的問題了，而婉琦向神明提問。這真是天問啊，然而，我看得出她認真提問，這也絕不是個修辭手法。她非常困惑，困惑在於這提問之前，婉琦在北車、在都蘭、在東港、在蓮池潭，面對直播主、愛情劇粉絲、印尼傳統舞表演者，她親見這麼多（就跟臺灣人一樣啊）各形各色的移工、他們的日常。標籤如果好用，一如書中提到遠行在外要長存的「保平安」的符令，臺灣人真覺得「標籤」可以保什麼樣的平安嗎，如果以一擋百地服用標籤？南天李府三千歲的「那個就是觀察不徹底」，婉琦不是用來說嘴別人。以我認識的婉琦，她得著答案，就用來思考、操演。書的終章，她回到「一位臺灣工廠女工」，婉琦寫媽媽，寫爸爸不喜歡媽媽跟朋友打電話、寫阿嬤在媽媽跟朋友打（家用）電話時，會偷偷接起來聽。婉琦回頭寫她早已「觀察」千百回的母親與自己。整本書裡婉琦白描直敘的寫法，偶有讓我生出一種跟著走進現場，然後落單的感受，因為，「所以？」我讀著讀著，有時會問。但是，在倒數幾頁，看到婉琦寫媽媽、寫媽媽總怕小孩生病、怕沒有錢，我明白了，婉琦一直沒有要給出「所以」。標籤如果是盒裝上用以分辨貨物的命名，在不知何謂「徹底」而仍樂在觀察的路上，婉琦看外勞看移工看眾人，從而認識自己，這就是她知彼知己的紀錄。

推薦序

移工生活的內面，普通與好的生活日常

——讀江婉琦《移工怎麼都在直播》

林楷倫（真心純情好魚販）

每週日，我的手機跳出本週使用螢幕時間，平均一日六小時。

時時刻刻直播的移工，平均一週幾個小時呢？搭火車時，移工常會開著手機鏡頭直播，卻不看螢幕，睡覺說話都隨意。如果是臺灣人，我們可能會想有沒有開濾鏡，怎麼直播不停想紅嗎？

臺灣人的臉書十大嫌惡行為一定有太常直播或太常發動態消息，不是因為我們不喜歡暴露日常生活，是生活太日常了，沒什麼好說。報憂怕別人憐憫，報喜怕別人覺得炫耀，社交軟體的我們都有「偶包」，低調的偶包（甚至把按讚數隱藏），太在意別人了，反而不要讓人在意。

移工不是想紅，就算開了濾鏡、化了妝，一旁車廂中的人也不顯華麗，回到他們的家中，有明亮、有灰暗，更常是工廠的吵雜或是病榻旁的一張小床獨自無聲。多久沒放假了？每個移工直播的觀眾群，不太會問這些問題，大家都沒放假變成日常。遠方的家人看他們工作，想起已實現的現在與未來，問辛不辛苦只有前一兩次會讓人感到窩心，多次變成冗贅。

安靜、小聲、生活照常播出。

忽然明亮，放假了，妝有些不同。去北車「死掉的火車」前某個位置，去臺中第一廣場一中街逢甲。臺灣是熱鬧之處，臺灣是工作之處。

第一次看到江婉琦的文章即是講移工的直播文化。轉載那篇文章的臉友寫上自己家中移工的生活，酸民寫起移工直播時與身上香水味。我那時也想起前後照顧我阿嬤的里達與希娣，他們跨境移動來臺灣，卻無法跨進臺灣隨意移動。婉琦的書寫不常以學者來幫自己增添可信度，寫移工吃飯玩樂談戀愛，如同素描的畫作，讓讀者看到當下那些人物的眼神。讀者帶著自己的眼睛而來，社會系出身的我本以為江婉琦要寫些批判的文字，她不留痕跡，我必須這樣說甚至讓人認為最重要的不是那些不公，而是生活如何不方便，但那些不方便便是不公。書中提及當居家照護移工拿出自家垃圾，在巷口等待垃圾車與丟垃圾的過程中，形塑了十五分鐘的社群交流，又或是推被照護者去公園的時光，看起來像是放風，卻有個她鄉其外的同鄉圈。我曾驚訝照顧我阿嬤的里達比我還熟周遭的事，她住在霧峰七年，對我說過幾位老人的身世，我問她為什麼聽了這些，她說無聊呀大哥。如同一場無聊了七年才做的田調，來自於垃圾車的交流時光。

那是拘束下小小的自由，額外珍貴。

再讓我講一點與里達的往事，一次阿公榮總住院里達相陪，她問我要不要回霧峰，我開車載她進入臺中市區，她說她要買衣服給家人。我們找遍附近服裝店，她都說不是那家。開到臺中火車站附近，她興奮地叫我停下，她進入沒什麼人的Giordano。我跟妻子說怎不去Uniqlo。看了婉琦的書，我才知道為什麼不。跨境移動的他們，移動完便困住了。放假時最方便的點必然是火車與公車能到達的地方。

里達離開時，她所知的臺灣，只有兩個地方，一個是霧峰的家，另一個是臺灣七年去過不到十次的臺中火車站。

「工作嘛，不來玩。」她說。

「改天回來臺灣玩呀？」我問，她搖頭說很貴，我笑著說我出錢呀。

在臉書看里達的近況，她開了人生的加速器，住在自己花錢蓋的房子，抱起孩子，還會來臺灣嗎？

外國夢的其他樣貌

臺灣只是她們的夢想轉運站。

買地蓋房、供弟妹念書，出國打工為了家族的階級流動。要放棄的是兒時的夢想，來臺之後，甚至連興趣都得壓抑。屬於自己的時間好少好少，有多一點自由，不如戀愛。江婉琦《移工怎麼都在直播》討論移工的戀愛路徑，從已經沒落的紙媒到交友軟體，從酒吧到醫院，書中看起來特殊的案例，反身設想與臺灣年輕人毫無差異。

戀愛不是夢想，是生活的另種寄託，少有談論婚嫁，更多只是萍水相逢，不是速食戀愛，而是臺菜戀愛。移工的戀情，沒多少職業差別，更不用說階級，況且跨境了，別太在意故鄉的模樣。愛，很簡單。長久的喜歡，就算十年二十年的分隔兩地仍然有愛。短暫的喜歡，像是契約般，說聲我該走了，得換個地方也行。

過去的夢想呢？忘掉就好。那有什麼可以從這裡開始？

江婉琦書中記錄一位常在蓮池潭唱歌的移工吳咪，來臺灣賺過一次錢，回去印尼又家道中落，再回來臺灣。這次來臺灣的雇主住在蓮池潭旁，抓雇主午覺的時間去那唱一兩小時的卡拉OK，吳咪唱起臺語歌，婉琦問她如何學習臺語。本書常見移工如何學習中文、臺語，靠戲劇自學或是雇主教學，日常用語大概一年左右便能學起。而唱歌呢？吳咪想當不一樣的移工，她愛唱歌，愛到去比賽。所謂「不一樣」是吳咪想過自己要的模樣，上節目、上網紅雇主的直播，為了讓人看到她，看到她的不一樣。

在臺灣的夢開始不一樣了。

在臺灣的夢回想起故鄉。江婉琦用 Uters 舞團，討論一群移工運用自己原本陌生的印尼傳統舞蹈如何圓自己故鄉的夢。她們練舞不能像大學生每天聚在中正紀念堂或北車地下街，只能一個月聚會一次，平常練習則是看Youtube。我想像起夜深在狹小的房間，被照護者熟眠鼾聲，戴著耳機或是切靜音的照護移工跳起舞來，腦中幻想自己穿起傳統服飾，有點暴露怎好意思給阿公阿嬤看呢，擺臀置手微笑，耳邊的印尼噹嘟樂，能換成臺灣流行樂也不覺得怪異。雖然每個月的聚會，都先吃東西聊天，才開始跳舞，但除了工作之外，這一群在家鄉互為異鄉人的移工們，在臺灣成為真正的同鄉，同的是興趣，同的是舞姿，還有一起開始對舞蹈有所興趣。

那是臺灣人想像不到的他們，他們生活的內面，臺灣人在其外難以見得。

進入研究者的其內

隨江婉琦的眼睛，我重新進入阿嬤家的照護現場，也進入了漁工的世界。然而，好想問婉琦為何有這般眼睛可以看到那些細語，不曾質疑自己的研究者身分與移工生活間的衝突嗎？江婉琦用臺灣經濟的小跨境解釋這些衝突的理解，早年阿美族男性去跑船，女性則往北部工地做「拉丁女孩」，回到自身家族史，江婉琦也看到生命的小跨境不是國度而已，更可能是南北城鄉。

若回到臺灣經濟史的脈絡，江婉琦沒有提問，卻給出觀察。

書中對神明的Q&A給出了許多有趣的答案，關於跨族衝突、歧視等。但我常說發問者必有自己的答案，我想江婉琦的千歲爺爺講出江婉琦想說的：

「**自己做防範，阻隔外來，預防他們會發生什麼侵害到我們，都是預防的心態。我先做防禦工作，我防著你，慢慢相處，大家融合了，沒事了，大家就能和平相處，是這樣的。**」

我們如何其外，又如何將其化為內。

最後，這是一本看了不會令人憤慨的移工書，卻讓人進入移工的日常，那些好的、不壞的、普普通通的生命裡，一同晃遊轉移與生活著。

目次

特別說明

在本書中，將會視情境、人物的自稱，同時使用「外勞」、「移工」兩個名詞。原本我也認為應該要政治正確地使用「移工」比較有禮貌，但隨著這幾年在社群間的觀察，最後的體悟是，語言是為了溝通、名詞總是中性的，重要的是說話的時候，心裡面想的是什麼。如果都是帶著善意，這樣就可以了。

1

熟悉的空間，不同的面貌

臺北車站：某個人生路口

臺北車站外有一座黑色的火車頭，印尼移工稱它為「kereta mati」（死掉的火車），移工初來臺北，一定要與它拍照、打卡象徵到此一遊。假日的火車站，是移工們最方便的會面地點，這裡提供了各樣假日需求，吃印尼食物、寄錢回家、到印尼商店唱卡拉OK，在假日像是重新活了過來。

臺北車站對我來說，也是一個陌生人剛到達臺北的起點，我們反覆地回到這個起點，一個月見一次朋友、坐在小圈圈中，講一些「orang sini」（臺灣人）的話題。移工覺得自己是一個「pengamen」（流浪的人），總會回到這裡，但又必須離開，去經歷生活。

臺北車站對你來說，是一個什麼樣的存在？

臺北車站是我認識印尼朋友的起點。在這裡認識Indri（英塔利）四年後，她對我說，其實來臺灣對她來說是種pelarian（逃脫），「妳知道嗎，其實我身邊百分之七十的人都是這樣。」她說逃脫的原因很多，逃脫一段感情失敗、婚姻的不愉快、生意落空的羞恥。「家裡幸福快樂的人，是不可能來臺灣的，相信我。」

我聽到她這樣說，頓時明白。是不是在過去的訪談裡，因為我跟受訪者還不太熟，大家傾向讓我知道「來臺灣是為了賺錢」的那部分。普遍媒體對移工的印象也多是「來臺灣是為了賺錢」。但其實一趟旅程出發前的原因很多。

如果是這樣的話，那我得重新想想，如果來臺灣的其中一個原因是為了逃脫，如果這是許多人心中懸著的一塊小石頭，來到臺北車站對他們來說，可能是抵達了某個人生路口。

迷路

週日可以待在臺北車站休假的移工，其實是少部分幸運能休假的人。陸續訪談在這出沒的許多朋友，我發現，大家有一段「學習怎麼放假」的生命歷程。

如果是女性看護，因為不受勞基法保障，休假必須和雇主協商。如果雇主讓移工休假，以她們來臺灣的歷程歸納，我發現對大家來說第一年是共同的「學習語言時間」。大家會說雇主要她看《戲說臺灣》、八點檔、新聞，她才學會能與阿公、阿嬤說話溝通。當語言逐漸適應，她比較敢開口說話了，三年是一個適應周邊環境的年限。她可能終於能有語言的籌碼跟老闆談判，能夠踏出家門探索雇主家外面的一切。她或許會在家附近的印尼商店買到印尼雜誌，雜誌中報導臺北車站移工們週末絢麗的活動。或她從社群網站看見同鄉朋友都去臺北車站放假，她也好嚮往去走走。她可能開始學習搭捷運、公車，或者都不熟悉時先搭計程車，前往一個她三年前仍然未知，但早已存在的臺北車站社群。

若是工廠男性移工，大多是假日待在宿舍、不太出去的人。朋友對我說，許多廠工是六日待在宿舍、去 7-11 買東西、自炊煮食、跟家人視訊，就可以過上一天。廠工不像看護需要日夜與臺灣長輩談話，所以多半語言不熟。不諳中文的廠工若想出門去臺北車站放假，除非認識女生、或太太在臺灣，或在網路上認識社團，否則多半是宅男。廠工一群人出門，也仰賴女朋友或比較會講中文的看護帶路，前往臺北車站。因為男性廠工的休閒娛樂很大一部分與女性不同，也不一定都去臺北車站。男性廠工喜歡到三重大都會河濱公園釣魚，聽說可以釣到吳郭魚，或去老臺北人口中出沒於龍山寺、三重的賊仔市買買手機或便宜的生活用品。

Wie（賈陽媞）第一次來臺北車站是二〇〇八年，那年也是她來臺灣第一年。當時她還不是每個月都放假，偶爾會去家附近的印尼店買乾貨和寄錢。第一次去臺北車站，是她有一天真的好想吃煮好的印尼菜，所以跟老闆說她出外寄錢一下，獨自去了臺北車站。

第一次去臺北車站前，她對臺北車站的印象是這個地方很好、很大、很多人、很熱鬧，很多人在大廳坐著吃飯，還可以跳舞唱歌。朋友跟她說不要去Y27地下街，不然會迷路。要她去地上的印尼街。她去程搭公車，回程依著旁邊的印尼朋友問路，搭捷運回家。

「無論是印尼人，還是臺灣人，去臺北車站都會迷路。」

那次她在印尼小吃店買了 sate（沙嗲）和 bakso（肉丸湯）。在臺北車站印尼小吃店的東西都很貴，一碗肉丸湯一百五十元。她說在這裡買東西總是不太清楚，什麼東西花了多少錢，因為收銀員都是算個總價。

死掉的火車

由於臺北車站是交通匯集地，所以每到假日，聚集了原本分散在各地，渴求一個公共空間可以放假待著的移工。賈陽媞說大廳中，大家約朋友會面，最常相約在大廳後方的鐵人雕像、臺北車站前後兩端的時鐘、北車四面東西南北、一二三四清晰方位數字的門，還有「死掉的火車」。

臺北車站東側門外有一座火車頭，在印尼人口中，它叫做「kereta mati」，意思是「死掉的火車」。印尼朋友說，它是人們到臺北必來拍照的打卡點，也是認路的標誌、會面的地方。對印尼人來說，kereta mati 就像臺灣年輕人心中用來指引路線的「北車鳥人」[1]。在 Instagram 和 TikTok 上，如果搜尋 # keretamati，能看見移工與不同角度「死掉的火車」合影的相片、影片。

火車死掉了。它曾是一節一九二三年日本製造的LDK58蒸汽火車頭，與一節LDR2201車廂，往昔曾是東部開發時，運行在東線窄軌的火車，最常載運學生上下學，曾經被叫做「黃皮仔車」。一九八二年花東線拓寬後，這列火車不能行走在窄軌道上。二〇〇〇年，這節死掉的火車來到這裡，成為臺北車門外的歷史展示，此時移工已經來臺灣十年。印尼人說，如果來了臺北，沒有和死掉的火車拍照過，代表沒來過。

另一個大家喜歡拍照的地方是「南二門」外頭的噴水池（air mancur[2]）。二〇〇八年的開齋節，賈陽媞跟朋友一起來臺北車站過節。她記得那天，她們先在大廳聊天，再去外面的噴水池拍照，後面有新光三越還有很高的建築，看起來就像到國外的感覺。她再去跟「死掉的火車」照相。開齋節時，想要跟「死掉的火車」拍照得要排

---

1 「北車鳥人」是曾位於臺灣臺北捷運臺北車站M1出口旁的裝置藝術，二〇二一年因合約到期移除。

2 二〇二〇年疫情開始後，噴水池不再噴水。印尼人有時開玩笑改稱這個噴水池叫做 air mati（死掉的水）。

上長長的隊伍。

圈圈

印尼人在臺北車站大廳坐下來習慣圍圈圈。賈陽媞與朋友拍完照後，進來大廳，坐下來，跟朋友聊天。只不過太多朋友了，要趕場不同的圈圈。一直繞圈，朋友在圈圈中會舉手說我在這、我在那。賈陽媞說大廳開齋節太多人，手機收訊不好，所以很常收不到訊息，或沒接到電話。她說開齋節時這樣圍圈、互相分享食物，就好像回到印尼鄉村開齋節的感覺。

這些圈圈無論開齋節或平常週日，不同的圈圈會彼此交會。當某個人在某個圈圈聽到旁邊聊到認識的人，或聽到對方是同鄉，這個圈圈的人就很常去跟旁邊的圈圈聊天，然後變成更大的圈圈。

一旦在臺北車站跟朋友、陌生人碰面，或要加入一個圈圈，初碰面和道別，在印尼人的文化裡需要握手。剛開始，我也跟大家學習怎麼握手。

握手分為幾種：

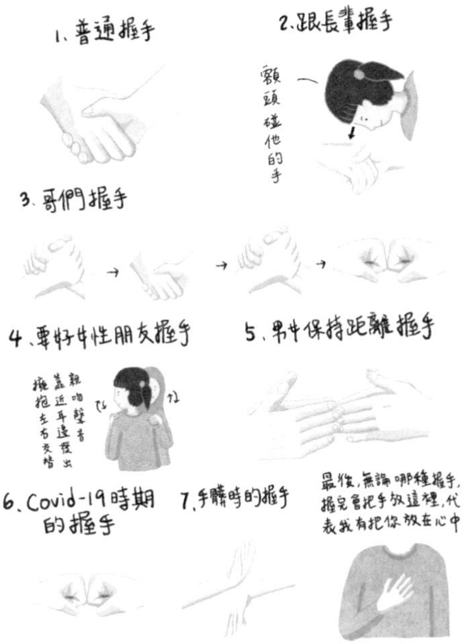

在這些握手動作之後，右手會碰觸自己胸前心臟的位置，代表我見到了這個人，我把他放在心中。

握手是關係的建立，在學習握手的過程中，我常常會忘記握手，心裡有時會有點過意不去，想說哎呀我怎麼又忘記了。但是也曾好奇移工在臺灣的時候，面對碰面不會握手的臺灣人，會不會覺得很有距離？我的移工朋友告訴我，去臺北車站每次常常見到不同的圈圈，當你曾經跟這個圈圈的人握手兩次，意義上代表你應該被記住了，可以算是朋友。

每次握手時，這些畫面總是給我一種感覺，握手和圍圈圈是印尼人在印尼就有的相處模式，但在臺灣是一件特殊的事。這些模式也是臺北車站社群的特殊之處。進到臺北車站，像是進到一個對我來說新的秩序，但對他們來說是回到舊有習慣的場域。唯有這裡，握手才顯得稀鬆平常。「握手」是這裡的秩序，是臺灣普遍文化裡不會有的秩序，但也是這裡的日常。

握手，微笑，你叫什麼名字呢？

在臺北車站久了，我發現身旁的印尼朋友有很多菜市場名。就我對臺北車站移工社群的印象中，這裡很多 Linda、很多 Siti，還有 Wendy。

臺灣印尼移工大部分來自 Pulau Jawa（爪哇島）。賈陽娓對我說，如果是爪哇人，男生很多叫 Yanto、Anto、Susanto。女生很多名字後面有 i，例如 Yanti、Ati。很多印尼看護會被雇主叫做「阿娣」，或許就是因為這個原因。如果論家中排行，

Ati、Eka 是老大；Dwi 是第二個小孩；Lastri 是第三個小孩。如果是基督教名字，會有 Christina、Linda。而印尼曾經深受印度教影響，所以也有 Rita、Rintha、Hindra 這些跟印度教有關的名字。

在臺北車站附近的北平西路、Y27 地下街有許多印尼商店。在大廳中，也偶爾有人帶自己做好的印尼菜，走到不同圈圈中販售。臺北車站印尼商店的熱食很貴，除了一碗肉丸湯一百五十元，印尼自助餐店隨便夾一夾，竟然動輒兩、三百元。賈陽媞說她通常來這裡會買五串沙爹配罐飲料，大概臺幣兩百多。我問她如果同樣的食物在她家印尼小村莊裡大概多少，她說大概是一萬三千印尼盾，換算臺幣約二十六塊，我大喊天哪好貴。

「所以我們在臺灣買東西，不要每次都換成印尼盾想，會心悶悶。有時候可以對自己好一點。」賈陽媞說，其實也可以看臺灣便宜的那部分。像去菜市場買衣服，一件一百就買得到。「但我通常是買的次數少，但對自己好的那種類型啦。」

問她臺灣薪水和印尼薪水的差別。她說如果是看護的話，在臺灣一般來說是一個月一萬七千元臺幣。這個薪水在印尼已經是大學教授、醫生等級。當然鄉村與城市不同，但是一般人在印尼一個月的薪水是一百萬至兩百萬印尼盾，換算成臺幣約兩千到四千元。

坐下來

當移工一週、一個月或一整年放假一次來到臺北車站，習慣坐在大廳中。臺灣人對移工的印象是喜歡在臺北車站大廳坐下來。但一開始大家就會像這樣坐下來嗎？「沒有，這裡本來有椅子。」

二〇一一年，臺北車站大翻修，撤掉原本在大廳供旅客休息的椅子。二〇一一年有則新聞標題為「臺北車站大廳撤椅，乘客克難坐地上[3]」，記者在報導中說「往候車大廳望去，竟然一個座位也沒有，而每個角落都可以看到民眾靠著柱子或坐在牆邊，食物也直接放地上。」這些坐地上的民眾是臺灣人。二〇一二年的開齋節，臺

---

3 東森記者張佳如、吳宇軒，二〇一一年十二月十一日，〈臺北車站大廳撤椅，乘客克難坐地上〉，《ETtoday 生活新聞》，網址：https://www.ettoday.net/news/20111211/12026.htm#ixzz78r5uchYl。瀏覽日期二〇二一年十一月六日。

北車站發生臺灣人反感移工坐在大廳中，臺鐵以紅龍圍住大廳、不讓人坐地板上的「紅龍事件」。二〇一三年，臺北車站原本在大廳八根柱子下設置椅子，讓旅客偶爾也能坐下；但在二〇一五年，因反感街友占位而又撤掉椅子。

對印尼人來說，坐下來在地板上、圍圈，是人們在印尼與朋友談話、辦活動、開會討論的習慣。坐下來是印尼人的日常。移工與無家者待在臺北車站，他們共同也知道臺北車站有個潛規則：晚上九點前不能躺下。「能不能坐下來」、「能不能躺下」，這些在大家心中的考量，對我來說並不一定是禮貌或不禮貌的問題。曾經訪談過幾位無家者，我發現在每位無家者心中，彼此會有一個心裡的天平衡量，在街頭流浪的時候，他們會擔心「我什麼時候可以坐下來，幾點之後，或都沒有人在看我，我就可以躺下」。可不可以坐下來、能不能躺下，其實是一種社會要我們怎麼做的規訓，是不是我們都忘了，身體是自由的。

在思考無家者坐下與躺著心裡的天平，和移工席地而坐導致的不滿，會發覺所有我們討厭的東西，好像都反映了「我曾經也想擁有，但沒辦法這麼做」。是不是坐在地板上讓我們不自在？臺北車站，林強曾經在這裡唱〈向前走〉，我們在臺北努力向前走的時候，心裡是不是也充滿了「我一定要好好努力」的壓力？在快速向前走的此刻，我可不可以坐一下？我一定要站著嗎？

我想像如果我是一位移工，在站了一整週、一個月，或一年三百六十五天後才能休假一天……就在這一刻，我坐下來了。

遠行

「但不會有人一直待在臺北車站。」

賈陽媞說臺北車站對印尼人來說什麼都有，可以買電話卡、吃印尼菜、寄錢、去語言可以溝通的美髮沙龍。不過也有聽過有許多朋友來臺灣久了之後，不再那麼常來臺北車站。她說臺北車站這個地方啊，一開始會覺得新鮮、什麼都有，也可以吹冷氣。但如果常去，會漸漸發現東西就是那些。臺北車站很大，但也很小。大家會一直待在臺北車站，有的人是想存錢、不想一直花錢而待在大廳，有的人喜歡花錢讓自己開心所以愛來逛街。但久了會發現，東西差不多都一樣。

「如果一直待在這裡，人家會覺得你沒有進步。」Linda（珮菁）是二〇一五年我在臺北車站認識的第一位印尼朋友，她先是當留學生，畢業後在印尼語雜誌《Nihao Indonesia》工作，跑移工在臺灣辦活動的新聞，也翻譯臺灣新聞成印尼文。佩菁對我說，每次她報導有關臺北車站的新聞在網路上，只要有臺北車站的相片，下面就會有移工留言：「你們明明在國外，為什麼你還在這裡？你還在一個充滿印尼人、印尼食物的地方。」「為什麼你只待在這裡？都沒有進步。」

有趣的是，佩菁說，包含她自己，如果大家想念印尼食物的話還是會回來。

臺北車站，是個一定會再到這裡來的地方。英塔利住在五股，她說當她要去臺北某處，一定是先到臺北車站去轉車。因為臺北車站到哪裡的車都有，轉乘方便，「三重在五股旁邊，有次我要去三重，還直接先到臺北車站，再找公車搭去三重。繞好遠。」對移工來說，因為對臺北還不熟，「臺北車站」是一個中心與大地標，大家常常先在這裡碰面，回到中心來，再出發到某個目的地。

觀念碰撞的時期

移工在臺灣是一群外來人，外來人來到一個陌生的地方，一定會尋找跟自己一樣的同路人。移工在臺北車站形成一個社群，在這裡交朋友尋找同路人。其實我到這個田野以後也是外來人，有時候我自己一個人走在印尼街的時候，我會覺得不太自在，因為我不一樣，身旁有很多看著我的眼睛。不過在這裡，偶爾也會遇上跟我一樣是少數的臺灣人。

嘉晏是我在臺北車站遇到的一位臺灣人，她的碩士論文研究移工樂團，而在田野中，她自己也成為移工樂團的鍵盤手。在臺北車站，我們常常看見各式各樣在刻板認知裡，從未想像過的移工形象。在這裡的印尼人，有摘掉頭巾穿著韓系的文青、有一身緊身衣與小熱褲的辣妹，也有在家鄉尚未出櫃，但在這裡大家都知道他男朋友很多的男同志、有女朋友男朋友很多的男女移工。

嘉晏有位樂團朋友是印尼移工，在臺灣時，他留長髮、穿舌環、鼻環，就一般印尼人來看會覺得這個人放蕩不羈。可是當他合約期滿回印尼，形象瞬間改頭換面。他剪短頭髮，拿下穿洞的套環，穿上白色襯衫，時常頭戴穆斯林小圓帽，跟自己的小孩拍照，瞬間變成另外一個人。

男生這樣，女生也是。嘉晏說，她也看到很多印尼女生來臺灣後，在一次次的朋友聚會或見面裡，從原本戴頭巾到拿下頭巾。一次次改變她的穿著，最後可能穿得很辣，背心加熱褲，變成歐美辣妹風格，這在印尼對鄉村穆斯林女性來說不可能發生。在臺灣，忽然有了可能。

我跟嘉晏有時會在臺北車站碰巧遇到，因為我們臺灣人的他者身分，有機會能一起討論這些有趣的現象。她說，有的時候，她感覺印尼人在臺灣，有種「斷了連結」的感覺，大家在臺灣會因為「斷了連結」的狀態，沒有後方家庭與「好好當個媽媽、爸爸、傳統的人」規矩的包袱，或是看見臺灣人不一樣的生活方式後，思考自己或許可以有不一樣的選擇。在臺灣，對印尼人來說，是觀念碰撞的時期。或許在外界看來會道德評斷，家鄉的人會覺得，這個人怎麼「放飛自我」、「放蕩不羈」了，可某種程度來說，那是一種自由。

還有一些讓我覺得不可思議的現象。除了臺北車站之外，移工們喜歡到同樣在捷運紅線上的二二八公園、中正紀念堂、大安森林公園拍照。有些人會花一萬臺幣僱用一位移工攝影師，然後身穿華麗的大禮服拍照。許多喜歡這樣拍照的印尼朋友是女性，她們可能也同時花了臺幣三、四千塊買了那套衣服，用一千兩百元雇用一位移工化妝師。為什麼她們喜歡這樣？嘉晏跟我一起在手機滑了幾張朋友「浮誇照相」

的中正紀念堂禮服照，「可能想成為那樣的形象。」嘉晏說。

她說，移工進入臺北車站的社群後，這裡有許多網紅。我們有一些共同的印尼朋友，有的是跳舞社團的舞者，有的是樂團樂手，這些朋友的共同點是，臉書的追蹤人數都是上千人。嘉晏說，在臺北車站，也有很多人活躍在社群裡，有一天就忽然消失了。印尼人很常關臉書，那個人就在社群媒體上不見了，也不再來臺北車站，沒有人知道他在哪。「而當一個人不見後，大家都很 care 嗎？我發現，好像也還好。」

觀景窗

我問嘉晏，那她跟樂團朋友聚會的時候，大家喜歡聊些什麼話題？她說，樂團的朋友們，很喜歡討論臺灣人的生活細節。

「臺灣人」的印尼語直翻是「orang Taiwan」，可是在臺北車站，移工們會用「orang sini」（這裡的人）來指稱臺灣人。因為如果直接講「orang Taiwan」怕會被旁邊的臺灣人聽見。而在這裡，印尼人很喜歡聊聊他們觀察到 orang sini 的生活種種。

例如：

orang sini 為什麼拍照會比 YA ？

orang sini 吃的東西怎麼都沒有味道？

orang sini 怎麼都不照顧自己的爸媽？

orang sini 皮膚好好，怎麼都沒有痘痘？（嘉晏說，印尼人主流審美觀裡，普遍比較喜歡皮膚較白的人；而沒有痘痘，可能與印尼食物多是炸物有關）

orang sini 應該要手心向下，而不是向上。（這是印尼人看見臺北車站無家者時說的話，其實有些人在印尼從未看過無家者，因為不管是哪個國家，無家者通常分布在城市，對大多從爪哇鄉村來臺灣的印尼移工來說，許多人可能從來沒有去過雅加達。不過，對臺北車站的街賣者來說，其實移工是他們假日最大的客群，許多移工樂於幫助街賣者和在北車周圍的無家者，二〇二一年的齋戒月某天傍晚，英塔利就煮了五十人份的齋飯，傍晚時到臺北車站發送給周邊的無家者們）

移工會用「orang sini」稱呼臺灣人，那他們會怎麼稱呼自己呢？

嘉晏說，很多樂團的朋友會用「anak band」（樂團之子）」來稱呼他們這些有在玩樂團的印尼人。有些在玩樂團、常在北車表演的移工也會自稱自己「pengamen」。

「pengamen」在印尼文裡是指一種人，在印尼的城市中，在路邊會忽然有人靠近你彈一段吉他，或會有人忽然跳上公車唱歌，路邊人們、或公車上的乘客，幾乎每個人都會給他欣賞表演的小費，他們就叫做「pengamen」（賣藝的人）。賣藝的人機動性高、在城市遊走，這樣身分的背後含義不只是賣藝的人，也是「流浪的人」。在臺灣，組了樂團唱歌的印尼人也會覺得自己是流浪的人，移工是流浪的身分，音樂是流浪的方式。

移工會以 orang sini 來看臺灣人，會認為自己是流浪的人。然而，如果換一下觀景窗，在臺北車站的臺灣人怎麼看移工呢？

「我有的時候上班，會看到大廳站著穿得特別華麗的移工，很多人跟她拍照。」亞妮是在臺北車站大廳「查理布朗」甜點店打工的臺灣人。臺北車站大廳除了「大廳黑白格」，周圍還有一格一格的微風廣場伴手禮、點心專櫃。以甜點店店員的視角看去，亞妮說，每到週日她們會準備特別多蛋糕，大部分來買蛋糕的都是移工，買的是最大的八吋蛋糕，因為有很多朋友在大廳等著一起吃。亞妮也說，移工跟臺灣人買蛋糕有很大的不同，「付錢的時候，移工都是拿千元鈔，幾乎只有臺灣人會拿五百跟百元鈔。」許多移工可能是剛領錢來買。

除此之外，臺灣人買蛋糕會問較多問題，問製造日期（移工大多不問，因為買了馬上吃）、問蛋糕是不是純素、問麵粉來自哪裡？鮮奶油怎麼做的？問題很多。「移工花錢比較爽快。」亞妮說移工買蛋糕不會像臺灣人一樣問很多，但某種程度來說，也是因為語言無法詢問太多。

亞妮在臺北車站上班的幾年，對其中一年的開齋節特別有印象。那天，從她上班搭捷運開始就注意到捷運車廂內移工特別多。一直到臺北車站上班，看到大廳超級多人，她跟同事都不知道「今天到底是怎麼回事？」，後來才知道那天是開齋節。

那亞妮的同事們怎麼看移工呢？

亞妮說，她的同事其實不太喜歡跟移工交易，因為週日的大廳坐滿移工，相比於走路直線穿越方便的平日，週日員工們上廁所、買便當會「多花一點力氣」，需要繞一大圈；她也說，移工來買蛋糕的時候，因為語言，員工們也會需要「多花一點力氣」，去試著轉化語言，或在手機找到最能夠簡單溝通的蛋糕餡料圖片，比手畫腳，促成一筆交易。

在聽她這樣說的時候，我其實沒有感受到任何「歧視」的感覺。讓我覺得，一般來說，我們可能會說臺灣人都歧視東南亞來的人，不聽他們講話、對他們態度很兇。可是有時，歧視這個字好專斷，它沒有溝通的空間。包含這些因為「需要多花一點力氣」，而讓一個人覺得有點不耐煩的事件，其實換一個角度想就可以理解。如果先不要一開始就否定他人，而是去理解讓我們覺得「不友善」的對方是因為什麼感到不便，而產生我們主觀認定的「不友善」事件，面對「不友善」，溝通是不是就有了一條可能的通道？

生命路口

臺北車站對我來說是個什麼樣的生命路口？

二〇一五年我剛從臺南上臺北讀書，也從那年起，我開始接觸到臺北的移工議題。自十九歲到二十五歲，我在臺北車站交到許多印尼朋友。對我來說，那是一個獨立北上生活，在陌生城市裡，感官觸角放大、正在探索自我的時候。但那時的我覺得孤單、沒有歸屬感。

而來到臺北車站的移工社群中，不管是在臺灣人的「移工議題圈子」，或印尼人的「臺北車站移工社群」，我的身分一直是一位年紀最小的妹妹。我經常在這裡受照顧，這讓我感覺滿好的，有人陪伴。我不是研究生，就只是對他們的生活感到好奇的人，這讓我在這裡的身分多了點單純。我的個性內向，沒辦法一開始就跟陌生人熟絡，不過，因為喜歡這種陪伴的感覺，我一直來這裡，漸漸的，大家慢慢知道那個坐在角落的妹妹 Wanci（婉琦）了。

那臺北車站對移工來說呢？我有時會想，每一位移工來到臺灣，看護最長年限十四年、廠工與境內聘僱漁工最長十二年，這不是一段很短的時光，那他們來臺灣的生命旅途裡，「來這裡」的生命意義又是什麼？

她可能像英塔利一樣為了逃脫婚姻而來，學習了怎麼放假來到臺北車站，在臺北車站的她終於可以在長時間的勞動後，「坐下來」。真的可以坐下來嗎？真的可以停在這裡嗎？她經歷各樣觀念碰撞價值觀的調適，嘗試一個從沒有想過「這樣可以」的自己，可能找到生活比較自由的方式，但也可能沒有。臺北車站就像是這樣的生命路口，人們來到這裡，在回頭看見過往自己的時候，感知生命裡的困惑。

移工與地方

「對於駕獨木舟的原住民來說，他們認為海洋是跟特殊精神和危險有關的一組地方。殖民者望著海洋，看見單調空檔的空間，原住民卻看見了地方。」——《地方：記憶、想像與認同》，提姆．克雷斯維爾（Tim Cresswell）

我常覺得車站是最真實的地方，各式的氣味、商品、人群混雜，這裡有高級百貨專櫃，地下街也存在流動商展與能殺價的水貨，這些事物與人，無論貧窮富有，同樣存在在一個時空與地方。叫做臺北車站。

我在每週末到臺北車站認識印尼朋友的過程中，也忘記了是從什麼時候開始，漸漸知道這裡有一個印尼移工的臺北車站社群。後來才發現，並不是每個生活在臺北的人，都知道臺北車站有一個這樣的移工社群。即使是所謂老臺北人，也不一定知曉。

二〇一七年我休學，當回到家鄉臺南的時候，因為沒有自己的交友圈，我在臺南尋找臺南移工社群。我發現從臺南火車站站外國賓大樓往外走，到臺南公園的範圍，也有一個屬於臺南移工的週末世界。為什麼我過去都不曾知道？或許這群人們一直都在身邊，只是我們沒有看見。

臺北車站容易迷路。迷路是幻象，使人覺得在各自占據的空間中存在與不存在。看起來有一層幻想的薄膜使之隔開，卻又同時存在，看不見，每人卻又在幻想中迷路了半晌，最終也看見了。只是選擇遺忘，卻又在重新光臨的時候，不得不承認它的存在。

二〇一八年，我重新來到臺北，再度回到臺北的移工社群中。臺北車站，其實對我和移工來說，也是某個生命路口。這個社群，如果你還沒看過，請跟著我的步伐一起來這裡走走。

對移工來說，臺北車站各個地方有移工自己的稱呼，它們不是地圖上清晰標明的文字，而是以「什麼旁邊」、「什麼對面」、「哪個範圍」去定義的空間。是移工在認識臺北車站時對每個空間「身體的感覺」。而當移工們持續與這些空間互動的時候，慢慢形塑出一個「臺北車站移工社群」。社群永遠是流動的，地方有它們的歷史，也有未來。

接下來在探索臺北車站的「移工社群」旅途中，經過我與朋友英塔利、張嘉晏、吳庭寬的提問和整理後，這是幾個我們想跟大家分享的「臺北車站移工地方」。其中有移工對這些地點與角落的命名，命名代表一個人對地方概念的印象，也是賦予空間意義的指認；也有這個空間對移工來說的功能，有些空間已經不存在，但它過去的記憶還留在人們心中。二〇二六年臺北車站旁的「臺北雙子星」大樓將完工，也有些移工的地方即將消失。

●臺北車站

印尼人的稱呼	意思
Taipei Main Station	臺北車站
TMS（Taipei Main Station 縮寫）	臺北車站，Taipei Main Station 縮寫
Hochecan	「火車站」音譯
Stasuin Kereta Api Taipei	「臺北車站」印尼文直譯
Taipei	就像新北人一樣，移工們雖然可能住在臺北各地，但會以「臺北」稱呼「臺北車站」

臺北車站是一個交通匯集地，代表臺北。但不一定每個人聽到「TMS」三個字，就知道這個是什麼意思。我有一次在古亭羅斯福路等公車，遇到一位從南部上來找太太的印尼移工，他問我臺北車站怎麼去，我跟他說，「哦，你是要去TMS啊？」他卻不知道我說的TMS是哪裡，一臉茫然，後來我才知道在外縣市工作的，或很少放假的移工，其實不太知道TMS三個字是稱呼臺北車站。

而當移工們要去臺北車站放假，到了臺北車站，也幾乎不會一個人去。「一個人很

NDEX前的12號廣場(Y4)
INDEX
Depan INDEX
Depan INDEX Bawah Tanah
INDEX Taipei City Mall
Aula Pintu Y4 Mall Bawah Tanah TMS
・社團移工
▲死掉的火車
Keretamati (※IG·Tiktok)
戲人雕像
公園路
・握手的移工
學生
一段
lantai 1
Warung Indo / Warung Indo
▲北平西路印尼小吃店街區
SATE
BAKSO
$150/碗
50/串

▲Y27門的1號廣場
▲臺北車站地下街
Warung Indo Bawah Tanah
印尼小吃、電話卡、假玉、、I LOVE TAIWAN T-shirt
Y27 / Aula Pintu Y27
Y27 Taipei Bawah Tanah
Mall Bawah Tanah Taipei Main Station
Sebelah GraPARI Taipei
・迷路的移工
・圍圈圈的移工
臺北車站
TAIPEI MAIN STATION
▲臺北車站
Taipei Main Station / TMS / Taipei Hocheran / Stasuin Kereta Api Taipei
▲大廳
Aula / Aula National Park
・直播的移工
▲行旅廣場
Taipei Travel Plaza
Terminal Lama
(舊轉運站)
・穿著浮誇禮服照相的移工
▲南二門前廣場
South 2 / Air mancur (Airmati)
噴水池
・打工的移
忠孝西
二二八公園
▲新光三越

奇怪。」英塔利說，在印尼有種潛在的文化是，在印尼和臺灣，人們會覺得「一個人很奇怪」，印尼人會覺得你要去坐公車，會在你旁邊陪你直到上公車，或是一起「一人以上」在某個地方聊天吃東西，即使聊到沒有話聊，對方還是會待在旁邊，彼此放空發呆也沒關係。

● 臺北車站黑白格大廳

印尼人的稱呼	意思
Aula	印尼語 Aula 為「大廳」，臺北車站大廳
Aula National Park	印尼語＋英語，意指「大廳國家公園」

大部分的人叫這裡 Aula，在大廳整個長方形的黑白格中，印尼人可能會在最後方的 patung besi（鐵人雕像）約碰面，或是約在大廳四周本來有名字 F 2 4 等等的大柱子見面，二〇一六年後，大廳中柱子的標誌就消失了，柱子四面改為彩色電視廣告牆。

在大廳中，如果印尼人坐著，通常會先從鐵人雕像、雕像周圍的牆壁開始坐，因為牆壁可以靠著。然後再從大廳後方的牆壁蔓延，從外圍慢慢坐到黑白格「裡面」。

如果朋友坐在黑白格「裡面」，你剛到臺北車站大廳，想去「裡面」找朋友，印尼人並不會直直地穿越大廳黑白格，這樣不禮貌，而是會從外圍繞圈，慢慢進入「裡面」朋友的那個圈圈。人們在大廳聚會、圍圈而坐、握手，如果有印尼人沒有跟某個圈圈裡的人握手，那他們可能是仇人。要離別時，也需要和圈圈中的每一個人握手 **pamit**（請求離開）。

在大廳中，印尼人比較不會靠近大廳最前方的售票口，會覺得那是一個核心、重要的地方，比較多人坐在大廳「後方」。而在臺北車站，除了去臺北轉運站之外，印尼人幾乎很少從臺北車站走到京站時尚廣場百貨公司，即使是京站樓下的美食街也很少。售票口和京站，印尼人心中對這些地方有一道無形的牆。

●南二門前廣場

印尼人的稱呼	**意思**
South 2	臺北車站門上的英語名，「南二門」
Air mancur	印尼語，意思為：「噴水池」，因為南二門外有一個噴水池

臺北車站南二門前廣場外有一個噴水池，除了拍照以外，它也是移工們用來指認這個小區域的地標。二〇一六年我剛到臺北車站時，南二門前廣場每個月都會有一次臺灣朋友用中文俗稱的「移工大拜拜」，印尼語為「pengajian」（講道）。「pengajian」（講道）這個活動的正式名稱為「Tabligh Akbar」，通常是由印尼宗教團體 NU 據點在華陰街、不同教派的另一個團體 Muhammadiyah，和臺北清真寺舉辦。英塔利印象中，南二門的大拜拜，每六個月一次會請印尼很有名的 Ustadz（宗教導師）來講道。

二〇一六年到二〇一七年每個月都有大拜拜，不過後來因為臺北清真寺有一些臺灣人反彈的壓力，就停辦了。

●行旅廣場

印尼人的稱呼	**意思**
Taipei Travel Plaza	行旅廣場英文名稱
Terminal Lama	印尼語，意思為：「舊轉運站」，昔日這裡為客運轉運站，來臺北較久的移工對這裡的印象是舊有的轉運站大樓

英塔利回憶，大概在二〇一八年，清真寺和NU、Muhammadiyah等宗教團體舉辦的一年一次開齋節禮拜，本來都辦在南二門前廣場，後來因為開齋節來臺北車站的移工太多，改到一旁的行旅廣場舉辦。來臺灣較久的移工會叫行旅廣場「Terminal Lama」（舊轉運站），原本這裡是國光客運臺北西站，有一棟自一九五三年建造啟用的客運站建築，後來這個客運站建築在二〇一六年拆除，移至臺北車站東一門、死掉的火車後方。而行旅廣場的空地就空了下來。

● 北平西路印尼街

印尼人對地方的稱呼	**意思**
Warung Indo	印尼語，意思為：「印尼店」。印尼人不會稱這裡為「印尼街」，他們稱呼這裡的感覺比較像是「有印尼店的地方」
Warung Indo Lantai 1	印尼語，意思為：「一樓的印尼店」。這個稱呼是相對於地下街Y27的印尼店在「地下」，北車地上的印尼街在「地上一樓」

臺灣人會叫這裡「印尼街」，但印尼人幾乎不這樣稱呼這個地方。大家會稱這裡為 warung Indo（印尼店），表示北平西路一帶有印尼雜貨、小吃店的小街區，這裡是「有印尼店的地方」。在這個街區中，四周都是大樓，這裡的房子多半只有一兩樓，是臺北車站市中心沒有被都更的一帶老房子，多半破舊。

印尼人也會說，這裡是「地上的印尼店／街區」，因為臺北車站除了這裡以外，Y 區地下街還有一處「有印尼店的地方」。不過英塔利說，從外縣市來的移工比較喜歡來北平西路「地上的印尼店／街區」，長住在臺北的移工寧願去 Y 區走十分鐘到達「地下的印尼店／街區」，因為地下街有冷氣。

不過有趣的是，二〇一九年之後，北平西路「地上的印尼店／街區」印尼小吃店開始變多，英塔利說，或許是因為這裡很好賺。街區很小，但聰明的商人們懂得運用空間，二〇一九年以後，這個印尼商店街區多了許多「在裡面有一大區座位」的小吃店。英塔利說，這些印尼店旁邊，或建築後面，原本有一些停車的空地，「店變很多，但沒有牆壁，他們會用很多方法製作牆壁。」印尼店為了擴大店面和給客人的雅座，有的會用圍欄圍起一個空地，像是牆壁，再用帆布遮雨，當作屋頂。

這裡有小吃店、小吃店附有卡拉OK、有飲料店、有美髮沙龍、有雜貨店、有分期付款寄回印尼的家具店、有手機店……在北平西路小街區的路口，馬路邊還有零星的Tempe（天貝）黃豆餅攤車、蔬菜攤、臺灣人擺的服飾地攤。「在臺灣不爽叫警察，在印尼不爽叫Dukun[4]（巫師）」，英塔利說，有些印尼店生意太好，會被檢舉，警察就上門了。

●臺北車站地下街（Y區為印尼移工最常活動的地下街，Y27有一處印尼商店小區域）

印尼人的稱呼	意思
Warung Indo Bawah Tanah	印尼語，意思為：「地下的印尼店」

4 Dukun（巫師）：在印尼，傳統巫師叫做Dukun。Dukun會受人委託各種事情，好的壞的都可以，希望別人愛上我、希望別人的店沒有生意、對別人下蠱等。「在臺灣有事情找警察，在印尼有事情找Dukun」，英塔莉說她過去曾經在印尼開小吃店，但生意很好，鄰居嫉妒她，然後有一天，忽然店裡的客人都不來了，她發現她家門外有「一道鹽」，那條鹽直直通往另一戶人家，是鄰居找Dukun來處理她。大家不太會在公開場合直接談論Dukun的事情，但是在家裡或私下聚會很喜歡聊相關的事。

而當走到「地下的印尼店／街區」Y區吹冷氣，Y區入口有一間印尼超市「INDEX」，這裡通常是移工們週日放假後、傍晚回雇主家前，一定會來「補貨」的印尼超市。從INDEX超市往Y區的街道向前走，大約走路十分鐘，當看到Y27的牌子，這裡有一處印尼商店小區域。

在所有地下街中，Y區是印尼移工最常活動的區域，因為這裡的東西便宜，還有印尼商店。在長長的地下街中，一定看得見販售「I Love Taiwan T-shirt」的服裝店，許多移工喜歡買回家送人；也有玩具店的老闆已經懂印尼語，因為移工們喜歡在臺灣買玩具，寄回印尼給小孩。英塔利說，在印尼除了寄禮物給自己家人，鄰居也會眼紅搶著要，她會在這裡買假玉送給鄰居。

●INDEX前的十二號廣場

印尼人的稱呼	意思
INDEX	「INDEX」商店
Depan INDEX	印尼語，「INDEX對面」

Depan INDEX Bawah Tanah	印尼語「地下街 INDEX 對面」
INDEX Taipei City Mall	印尼語法邏輯為「臺北地下街的 INDEX」
Plaza Pintu Y4 Mall Bawah Tanah TMS	印尼語，「臺北車站地下街 Y4 門廣場」

Y區地下街入口，INDEX超市前的十二號廣場是移工社群最多活動舉辦的地方，有開齋節的歌唱比賽、選美比賽、INDEX超市週年慶、電信抽獎同樂會、移工樂團演奏表演等。除了假日，平日裡，十二號廣場舞臺也有臺灣人駐唱。每次十二號廣場要辦活動，周圍會貼滿了活動的海報，有趣的是，在這些海報當中，因為十二號廣場的名字、稱呼太多，有些海報會同時寫很多名字。一個地方同時有這麼多名字，因為臺北車站好容易迷路，大家記路的地標都不同。嘉晏說，這個舞臺管理的單位名字也很有趣，叫做「保證責任臺北市臺北地下街場地利用合作社」。

● Y27門的一號廣場

印尼人的稱呼	意思
Y27	Y27門
Plaza Pintu Y27	印尼語，「Y27門廣場」
Y27 Taipei Bawah Tanah	印尼語，「臺北地下街Y27門」
Mall Bawah Tanah Taipei Main Station	印尼語，「臺北車站地下街廣場」
Sebelah GraPARI Taipei	印尼語，「臺北 GraPARI（通訊店）旁邊」

英塔利說，以前，其實Y27門的一號廣場才是移工活動最多的地方，因為場租比較便宜。但大約在二〇一八年，一號廣場的空間就消失了，現在這個廣場租給流動的商店，偶爾會舉辦日韓商展。

特別的是，這裡的其中一個稱呼「Sebelah GraPARI Taipei」（臺北 GraPARI 通訊店旁邊）之中，GraPARI 是一間通訊店，為什麼名字會與它有關？英塔利說，以前一號廣場活動很多，要表演時，她們都會在「GraPARI 裡面」化妝、換衣服；有時，也有移工會在「GraPARI 裡面」辦小活動、開課程。GraPARI 這間店的名字存在於印尼人稱呼這個廣場的命名之中，或許是因為如此。

GraPARI 賣電話卡，移工電話卡最多的品牌是ＩＦ遠傳、ＯＫ臺灣大哥大，還有印尼最大的電話卡公司 TELKOMSEL，它的臺北分公司在內湖。每次只要移工社群舉辦活動，這些電話卡公司通常都是贊助商。

●死掉的火車

印尼人的稱呼	意思
Kereta mati	印尼語，「死掉的火車」

「死掉的火車」是一個大家在北車外的「碰面」點，除了跟火車拍照的移工之外，許多男性移工喜歡待在這邊，因爲這裡是戶外，可以抽菸。北車的清潔工們會用奶粉罐當菸灰缸，放置在花圃草叢間，供來臺北車站抽菸的人們放菸蒂。死掉的火車後方有一個木棧板平臺，從外面看過來，因為火車擋住了，比較隱密，也比較自在。嘉晏說，樂團的朋友通常在十二號廣場表演完，會到東二門拍照，再來死掉的火車

後方木棧板，待一、兩個小時。喜歡待在這裡的移工男生較多，有時候會有陪著的女朋友，但女朋友通常待不久，因為外面很熱，會想進去大廳吹冷氣。

因為夏天戶外熱，大家通常是傍晚才待在死掉的火車後方，也可以說這裡叫做「裡面」。移工喜歡在「裡面」休息，移工也喜歡在裡面幫火車披上一些旗幟，有同鄉會的旗幟、自己樂團的旗幟、喜歡的印尼樂團的旗幟。有一個許多移工喜歡的印尼樂團叫做Slank，Slank在一九九四年有一首歌曲叫做〈Generasi biru〉（藍色世代），歌詞說著「我不是一個棋子，我不喜歡被安排，這是一個藍色的世代」，藍色代表自由的世代。嘉晏說，她滿常看見樂團的朋友會在「裡面」將火車披上Slank樂團的旗幟，在這裡拿起吉他、木箱鼓，唱唱歌。

嘉晏跟我說，死掉的火車的印尼語kereta mati，後方的「死掉」（mati），如果換成「生活」（hidup），那它的意思，就變成「活起來的火車」（kereta hidup）了。

交朋友

「但你不怕失去階級嗎？她說：妳不怕越過黑水，而且跟這麼多三教九流的人坐一條船？

「一點也不怕，女孩的語氣十分篤定，不摻一點雜質。沒有人會在朝聖的船上失去階級，而且大家都平等；就像坐船去埔里的賈格納斯神廟。從現在開始，直到永遠，我們都是同舟共渡的手足——船兄船弟與船姊船妹——彼此之間沒有差別。」——《罌粟海》

Rita（芮達）還沒到臺灣的時候，住在一處印尼 Bandung（萬隆）郊區的仲介職業訓練所，訓練所裡聚集四方而來想去臺灣工作的印尼小姊。從踏入仲介訓練所的那一天起，她們的人生從此改變了，仲介訓練所對這些穆斯林女性說，來到這裡得剪短髮、拿下頭巾；未來當個好女傭，去臺灣不能帶手機；別帶臺灣長輩會怕的穆斯林 mukena（禮拜白禮服），阿拉仍保佑你。

馬上要去臺灣了，芮達怕到臺灣後孤獨一人，她和仲介訓練所的五個同鄉姊妹約好，在搭上飛機扔掉唯一能聯繫的手機、一無所有之前，每人各準備一本筆記本。她們五個人嘻嘻笑笑地在自己的筆記本留下彼此的姓名、電話、雇主家地址。來臺灣後，至少自己不是一個人。

不過當時她們不知道的是，抵達後，在臺灣成為移工也意味著從此「交朋友」與過去完全不同。她們一起搭了五個小時的飛機來到臺灣，再由仲介分別接往臺北市信義區的豪宅、嘉義鳳梨田邊的三合院、南投產業道路上的老人安養院，成為散落臺灣各地的孤獨移工。

身處各地雇主家中，即使落腳處是杳無人煙的鄉間，身為一位移工，卻也在這樣的特殊處境裡，像雇主家門前種的絲瓜藤蔓，渴望有人能說話，在生長時從縫隙突破紅磚牆，攀爬到電線桿上，尋找跟我一樣的印尼人啊，有沒有人聽見我的聲音？

資訊匱乏的年代：用雜誌找回連結

或許有人還記得一九七四年創刊的交友雜誌《愛情青紅燈》[5]，當主持人文棋在廣播中說一句「家庭、事業、婚姻、愛情，愛情青紅燈。」被稱為古早版臉書的《愛情青紅燈》廣播和雜誌，成了許多「向前走」到臺北工廠打拚的異鄉男女愛情的啟蒙。男女喜愛在雜誌交筆友、空中廣播留言，《愛情青紅燈》雜誌，讓孤獨在異鄉的男男女女能交朋友、紓解情感需求。

不只是臺灣人需要交友，臺灣自九〇年代開始引進外籍移工，二〇〇五年開始，就出現了以移工為主的東南亞語言雜誌。

二〇〇五年菲律賓新住民 Nene Ho 創辦了臺灣第一個多語雜誌《The Migrants》，

5 《愛情青紅燈》一九七四年創刊，二〇〇五年停刊。主持人文棋現改作銀髮族歌唱節目。

成為菲律賓新住民、移工的資訊交流管道；二〇〇六年，印尼華僑曾國榮、譚雲福創辦印尼語雜誌《INTAI》，同時間與之競爭的還有在印尼移工之間家喻戶曉的《INDO SUARA》、《TIMedia》紙本雜誌；二〇〇六年，臺灣立報副總編輯張正也奉立報社長成露茜之託，開辦越南文雜誌《四方報》。說來時間不遠，但在網路還不普及的十多年前，雜誌滿足了移工資訊匱乏的渴求。

連不能放假的移工都知道，要買雜誌就要去印尼店，「那時印尼店除了《INTAI》，也賣從印尼空運來的印尼本地雜誌。成人雜誌也有，小朋友不能看的那種。」羅姊是印尼新住民，二〇〇一年結婚來臺，二〇一二年開始到印尼雜誌社《INTAI》工作。她認為與其說《INTAI》是一個雜誌社，不如說它是一個整合匯款銀行、仲介、新聞部的大公司。公司業務多，雜誌只是其中一種。而這些雜誌中的「交友版」，也成為移工能遠端交友的方式。

《INTAI》雜誌「每個月的封面照都是移工，我們會辦選秀；有新聞啊，有的是移工當記者寫的；還可以寫文章投稿，寄自己的照片、留電話，問有沒有人要跟我當朋友，如果成功被刊上去了，她們就很開心。」羅姊說《INTAI》雜誌有很多讀者是看護，因為沒有休假，不方便出來，訂雜誌閱讀成為消遣娛樂。

「還有郵購，我住鄉下不能買東西啊，所以我們雜誌有很多郵購的廣告。」當時印尼雜誌不只讀者有需求，賣頭巾、家電、金飾的廣告商也樂意買單，一個版面臺幣一萬、兩萬元廣告費。

移工如果在雜誌曝光，刊登在「INTAI club」的交友版上，代表全臺灣的印尼人都看得見自己；而被選上成為印尼雜誌封面的移工，宛如灰姑娘在舞臺上發亮。羅姊說雜誌逐漸收掉的那幾年，她也曾當上封面人物。封面上，她穿豹紋套裝、戴墨鏡，被自己的公司專訪，她選了一張跟前總統馬英九握手的相片放進雜誌。她在自我介紹寫，當時握完手後對馬英九說，她身為新住民，來臺灣的前十年怕生膽怯，都沒有出門。

「雜誌滿足移工資訊匱乏的需求，市場很大，所以剛開始我們跑很快，每個月加印一千份。」《四方報》前總編輯張正說。張正記得辦《四方報》的時候，移民署也有製作多語雜誌給移工資訊，可是那麼一大疊雜誌，假想自己是一位母語人士，只需要看自己的那麼一點點，自然放到一邊。而單語的東南亞語言雜誌，正好打中了移工的市場。

《四方報》和《INTAI》雜誌相像，都有新聞、廣告、投稿寫詩、交友版面。《四方報》的廣告類型除了郵購，還有匯款、仲介公司、婦產科、航空公司。而《四方報》的交友版「四方尋友」，張正說靈感來自大家一開始投稿寫文章，許多人投信說編輯部的哥哥姊姊好，接著洋洋灑灑寫了一大篇，最後只是想找一位久未聯絡的朋友，而增設的交朋友版面。「後來有很多人寫信來，寫說希望有人祝她生日快樂。」《四方報》又增設了「生日快樂版」，只要移工前一個月投稿自己的相片、電話、生日日期，讀者就可以打去給一個生日祝福。

有趣的是，是誰在看雜誌呢？「我們的讀者多半是女性、新住民、移工。」張正說最早《四方報》也做泰文雜誌給泰國移工，可是做不起來，因為泰國人多半是男性廠工。張正說一群男生休息的時候，不都是出去小吃店喝喝酒、釣魚，能坐下來有餘裕看雜誌的通常是照顧老人家的女性看護。女性和男性，看護和廠工，大家心情抒發的路線有點不一樣。《INTAI》、《四方報》的交友版上，幾乎清一色是女生。「所以也有移工被臺灣男生打電話騷擾過。」羅姊說。或是禮貌一點的徵友「我們曾經收到一位臺灣中年男子的信，他說他三十八歲剛離婚，想找位女朋友。」張正笑說。

印尼看護妮妮二〇〇八年剛來臺灣工作，那年她十九歲，與雇主住在高雄，全年都沒放假。她說她來臺灣一年後，透過倒垃圾認識的朋友引薦，開始訂購《INTAI》雜誌。她曾經在交友版刊登自己的相片，標註身高、體重，在介紹欄上寫「我來臺灣想賺錢、想買車、想蓋房子。」她說她也用雜誌郵購，買了一件拜拜用的白色穆斯林禮服，仲介曾跟她說阿公會怕，不允許她拜拜，來臺後才發現雇主根本沒差。

雖然在交友版中，最後並沒有

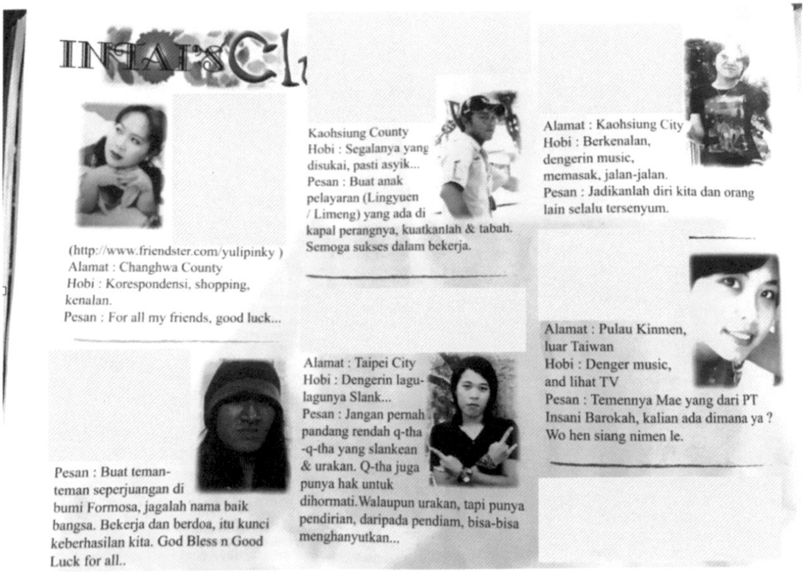
(http://www.friendster.com/yulipinky)
Alamat : Changhwa County
Hobi : Korespondensi, shopping, kenalan.
Pesan : For all my friends, good luck...

Kaohsiung County
Hobi : Segalanya yang disukai, pasti asyik...
Pesan : Buat anak pelayaran (Lingyuen / Limeng) yang ada di kapal perangnya, kuatkanlah & tabah. Semoga sukses dalam bekerja.

Alamat : Kaohsiung City
Hobi : Berkenalan, dengerin music, memasak, jalan-jalan.
Pesan : Jadikanlah diri kita dan orang lain selalu tersenyum.

Pesan : Buat teman-teman seperjuangan di bumi Formosa, jagalah nama baik bangsa. Bekerja dan berdoa, itu kunci keberhasilan kita. God Bless n Good Luck for all..

Alamat : Taipei City
Hobi : Dengerin lagu-lagunya Slank...
Pesan : Jangan pernah pandang rendah q-tha -q-tha yang slankean & urakan. Q-tha juga punya hak untuk dihormati.Walaupun urakan, tapi punya pendirian, daripada pendiam, bisa-bisa menghanyutkan...

Alamat : Pulau Kinmen, luar Taiwan
Hobi : Denger music, and lihat TV
Pesan : Temennya Mae yang dari PT Insani Barokah, kalian ada dimana ya ? Wo hen siang nimen le.

2007 年某期《INTAI》雜誌交友版

人打電話給妮妮，但她透過雜誌獲得印尼移工之間封閉的資訊，也透過雜誌購買回教拜拜的衣服，找回了與自己的連結。

「有一天，我去送雜誌，一位移工接過雜誌後馬上放到一邊，接著低頭滑手機。那一刻，我知道紙本的時代過去了。」張正說。

網路裡找人陪伴

很多人告訴我，她們可以用網路、用臉書也可以認識新朋友；也有的時候，我在星期天與印尼朋友聚會拍照後，臉書跳出了一個交友邀請，點進去看對方是誰，發現彼此共同朋友非常多，就按下了交友確認鍵。「一開始我朋友很少的時候喜歡這麼做。」印尼看護賈陽媞住在三重，剛開始來臺灣一年只休假一天。她說移工們若有休假，在臺北車站跟朋友們的合照，常常能讓遠端無法休假的移工再添幾個朋友。

二〇〇六年臉書開始在臺灣服務，二〇一〇年左右，幾乎人人都有網路吃到飽的手機，移工們不再需要雜誌了。印尼移工社群中的《INTAI》、《INDO SUARA》、《TIMedia》今天都不再發行紙本雜誌，也只剩《TIMedia》仍留存線上媒體。

羅姊的同事現在都晚上上班，《INTAI》公司改行做移工網購，賣東西的媒介不再是雜誌，她說每天晚上在臺北市華陰街《INTAI》的辦公室，同事們對著直播鏡頭推銷各式各樣的化妝品、首飾，到白天再將這些商品寄送到臺灣各地，「因為晚上客人才上線。」

每天晚上是移工上線的高峰，我記得二〇一六年開始臉書開放直播功能，就忽然有一大群印尼臉友每天都興奮的試這個新功能。不過在臉書只是移工直播的冰山一角，移工直播的方式大致上分成三種：臉書、Bigo Live 直播交友、抖音。在臉書直播的移工年紀稍長，通常是三十歲以上，直播的觀眾通常是自己的好友，我一開始也只看得見朋友的臉書直播。

二〇一七年，有朋友告訴了我一個移工們常用的交友直播 APP「Bigo Live」，他說在這個直播軟體之中，雖然是新加坡開發、在臺灣設站，但是用戶七成都是印尼、越南移工。我下載了這個 APP，不時就滑一下，看著大家都在直播什麼，漸漸看到了直播裡的世界：白天時，一位印尼看護正在直播自己在雇主家煮飯；中午，一位漁工大哥在漁船上直播自己睡午覺；傍晚，一位待在病房的看護，直播自己正在看電視劇《蘭陵王》。而在我睡前的凌晨一點鐘，在這個 APP 當中，我看見了好多人在螢幕裡變成一格一格的小格子，他們都正躺在睡前的工廠宿舍床上，或是在照護的長輩床邊，他們的臉龐占滿了視窗，聊天到睡著，也不願關掉直播鏡頭。

我問一位四十多歲的印尼移工，她有沒有用過 Bigo Live？她朋友卻在旁邊笑了起來，對我說「那個不是她的年代。」Bigo Live 用戶年齡介於二十五到三十歲之間。

Bigo Live 的用戶幾乎都是單身男女，但會在裡頭自組「家庭」，形式就像是我小學時玩線上遊戲「楓之谷」的「公會」。每個「家庭」有自己的名字和頭貼框，家庭名稱的爪哇文翻譯常常有「白痴」、「笨蛋」這幾個字，每位家庭成員會有相似於以前楓之谷公會「煞氣ㄟ小 A」的暱稱。每天晚上家庭成員在線上掛著聊天，直到睡著也持續直播自己的臉。

英塔利今年四十五歲，在印尼有三個小孩，她來臺灣工作後社交圈熟絡，身旁都是比她年輕的看護妹妹圍繞。英塔利沒有用過 Bigo Live，但她跟身邊的看護妹妹們一樣，有玩印尼年輕人們都喜愛的抖音。抖音裡的直播年齡層更小，通常是二十五歲以下的移工。英塔利玩抖音。她拿起手機找自己高中同學的相片，她說當年高中同學們畢業繼續讀大學，只有她結婚成為孩子的媽，「妳看她們現在比我老。」她說相比在印尼的朋友，她在臺灣，年輕多了。

持續看著每一個人、各種平臺的直播鏡頭，有一陣子我每天看直播做筆記，記下APP裡直播的各種畫面，不過也漸漸在每一方螢幕畫面中，深深感覺到這些人好孤單。

孤單的移工，除了運用網路，在雇主家的現實生活裡，能怎麼交朋友呢？

可能有這麼一個場景，一位印尼看護的阿公正在看電視機，電視機也看著他。電視機裡是一百多臺的長青歌唱節目，主持人是曾經紅及一時《愛情青紅燈》的文棋，和他的妻子、兒子。節目背景是青山綠水，正中央是光影不那麼協調的主持人影，各地的銀髮族Call-in來唱歌。阿公終日看著電視機，電視機call in的臺語歌聲持續響起；在他們家遠方，這位看護也漸漸聽見〈給愛麗絲〉的樂音響起，她可以出門見朋友了。

垃圾車、公園：每天十五分鐘，形塑一個社群

住三重的賈陽媞二〇〇八年來臺灣當看護，至今一直沒有換老闆。她說平常走在臺灣路上，如果當街看到印尼同鄉，彼此容易因為好奇，停下來問候幾句。不過她說看護生活中，最重要的交友場域還是倒垃圾和去公園。

「每天倒垃圾前十五分鐘我下樓，跟同一棟公寓的看護聚會。」大概在臺灣的許多城市、鄉村街角，夜晚最先出門等待垃圾車的都是外籍看護。雖然許多印尼人對於臺灣垃圾車會播〈給愛麗絲〉或〈少女的祈禱〉一開始都有些文化衝擊，不過久了，這些歌曲就變成了每天可以放風的悅耳聲音。

賈陽媞說在她倒垃圾的朋友群中，她們每晚會聊印尼盾與臺幣的匯率，算寄錢回家最划算的時機。倒垃圾朋友群只有少數人有固定休假，能放假的看護就幫忙大家寄錢、儲值電話卡、買包包，互相幫助。

賈陽媞的朋友英塔利在五股，常常成為「垃圾車朋友群」的大廚。當印尼同鄉想念家鄉食物，但雇主家不能擅自煮，她們便在垃圾車時間買來大魚大肉給英塔利料理。隔天晚上的垃圾車時間，英塔利就變出一大鍋印尼辣味煮魚。她們會興奮的在倒完

垃圾後，到對面的小公園待上半個小時，一起在晚間享用英塔利煮的印尼菜，再各自打包回家。

但不是每個人都能有「垃圾車朋友」，同樣住在五股的芮達說，她照顧的阿嬤不喜歡她跟倒垃圾的看護們講太多話，怕她交到壞朋友。

如果不能有「垃圾車朋友」，那看護們有時可以擁有「公園朋友」。公園朋友跟垃圾車朋友的人群不一定相同。

有天《INTAI》雜誌的羅姊邀我去她家附近的公園，她家住在臺北市中正區，家附近巷子像迷宮，她說剛來的時候很容易迷路，曾經有一次試著丟衛生紙記路，就像童話《糖果屋》。她要帶我去的公園在迷宮深處，說今天公園有印尼看護媽媽煮菜。

我們到了公園，卻只看見遠方石椅上兀自放了一只孤伶伶的紅色袋子，裏頭是盛滿白飯的大鍋子。羅姊看到袋子，雖然袋子旁沒有人，她說「她們來了。」

遠方一位身穿橘色T恤的看護牽著她照顧的阿嬤走來，阿嬤身型瘦弱，但還十分硬朗。那位看護大包小包拎著塑膠袋，裡頭裝滿自己親手做的印尼花生醬、燙青菜，她就是羅姊口中的「印尼媽媽」。「媽媽」曾經去沙烏地阿拉伯工作，現在已經當阿嬤，因為年紀最大，所以才被叫媽媽。不一會，分散在四周推長輩輪椅的印尼看護，緩緩地靠了過來，大家都跟「媽媽」打招呼，「媽媽」吆喝她們吃飯。

我們一起吃飯，我看著「媽媽」一直從袋子裡變出各樣公園野餐的道具，看起來得心應手。她拿出看護公園野餐必備的免洗筷、免洗盤、手扒雞手套、大包衛生紙、水，準備吃飯。

大家邊吃邊用爪哇語談天，看護的長輩們坐一旁，用日語叫彼此「歐卡將（奶奶）」，阿嬤們開始看公園的人。也有阿嬤繞著看護們和食物周圍走一圈，眼睛瞇成一線，嘴巴啾成一團，皺眉端倪。

但聊天和吃飯的時間不到二十分鐘，大家迅速吃完。「媽媽」再拿出袋子裡的打包塑膠袋，把剩下的食物分成一份一份，分給這裡的所有人，動作俐落。我有點錯愕的看著她們又各自推著照顧的阿嬤，匆匆離去，只剩下走向遠方的背影。

每天到公園的時間是暫時的，倒垃圾也是暫時的。然而每天十五、二十分鐘，各自住在雇主家的看護能夠相聚，暫時相處在一起，形塑一個社群。英塔利說，每個「垃圾車朋友群」和「公園朋友群」裡都會有一個媽媽，通常是年紀較大的看護。媽媽成為社群裡的老大，主持聚會、包辦吃穿互助網絡。每天十五分鐘，在異鄉的看護藉由倒垃圾、去公園，擁有一個擬親屬的支撐朋友圈。

除了不能放假的移工，少數能放假的移工也在假日裡組織社團，因為不知道休假可以做什麼，個人依興趣組隊。在臺北車站常常看得見移工社團的蹤影，印尼移工社群中有攝影社團、寫作社團、跳舞社團、同鄉會、學習烹飪的社團。英塔利說，這些社團裡也通常有個「媽媽」，有時還有個「爸爸」，「爸爸」會是「媽媽」的男朋友。

英塔利、芮達、賈陽媞就是在跳舞社團認識的，英塔利就是「媽媽」，只不過她們的社團沒有「爸爸」，因為英塔利的另外一個外號叫做「阿嬤」，她離婚後曾經交了一位泰國男友「阿公」，但是「阿公」回泰國了。

有媽媽、有爸爸，代表在異鄉有歸屬的「家」了嗎？她們說當然也是暫時的，這些交友模式不是必然。修行在個人，交朋友看緣分，在異鄉的朋友，常常也是短暫一瞬。

我還能怎麼辦呢？

「以前在臺灣交朋友很難，但現在有網路真的變得很簡單。」過去一直被雇主限制交朋友的芮達說，她現在休假固定，可以出外交新朋友，「但是一開始在仲介認識的那五個朋友，早就已經沒有聯絡了。」芮達現在是那五個朋友中，唯一還留在臺灣的人。她說即使有網路交朋友比較簡單，但在臺灣的交友圈還是很短暫，除非對方回印尼時仍然單身，行動自由；若有家庭，生活圈會漸行漸遠。

英塔利在臺灣、印尼都是「媽媽」，她則說在臺灣交朋友輕鬆多了。她十七歲就結婚生小孩，每天在印尼圍繞的交友圈是鄰居媽媽和阿姨。在印尼鄉間的媽媽們有個互助社群 Dawis（Dasa wisma），社群間最重要的事情是 arisan（標會），每月媽媽聚會，要爭相穿得漂亮；她說媽媽口耳間，聊的不外乎是家庭、小孩學費之類「很重」的話題。然而相比於印尼，英塔利在臺灣的朋友幾乎都比她年輕，她們年輕未婚，聽著她們聊各自的男朋友，「媽媽」英塔利用中文說，她覺得這樣的話題「很輕」。

只不過再完美的社群，都還是有自己的問題，印尼人有好人也有壞人。朋友間常出現 bermuka dua/ munafik（雙面人）。我常聽說在印尼人之間「有人被朋友背叛」

的消息，不過開口問每位印尼人，大家都說自己沒發生過，但有朋友經歷過。她們說這些背叛的傳聞通常跟錢有關，在臺灣，交友雖然親暱，但一回印尼，可能就杳無音訊。賈陽媞說，如果有一天她被騙了，就算了吧，她用中文表述，如果被騙，「被騙的錢，或許那不是我應該得到的。」

臺灣的印尼移工多半來自爪哇島，爪哇島有爪哇人、巽他人共享爪哇文化。一九五〇年代美國人類學家紀爾茲（Clifford Geertz）曾經闡釋爪哇文化階級嚴明，但同時重視社群合作。爪哇人的性格柔和，說話婉轉，但也相信宿命。

曾經有一位印尼大學人類所畢業的作家朋友Selvi（蘇菲）告訴我，在爪哇文化中，伊斯蘭觀念的「ikhlas」和爪哇人常說的一句話「mau gimana lagi」經常體現在人們的生活裡。「ikhlas」來自伊斯蘭的宗教觀，代表人要有一種博愛精神，看到他人有困難，要盡己所能的奉獻、幫助他人；「mau gimana lagi」是印尼文，翻成中文的意思就是「我還能怎麼辦呢？」

「我還能怎麼辦呢？」這句話展現一種印尼人、爪哇人都相信的宿命精神，她說印尼人不時就說「我能怎麼辦呢？」。例如印尼雨季人們有時沒帶傘，白天明明還晴

看護們走回家

羅姊帶我去的公園看護聚會

空萬里，中午過後忽然下暴雨，放學要回家的學生、騎摩托車的騎士都停了下來，趕緊躲到一旁的店家屋簷下，無奈的看著大雨一直下，但只能等待。大雨可能下了幾個小時，行程中的事物因此被延宕或取消，人們一邊無奈地等待，一邊說著「我能怎麼辦呢？」這是命運的安排。

爪哇人相信宿命，但宿命在此並不一定是絕對的負面。很有趣的是，我後來更理解「我還能怎麼辦呢？」這句話之後，我感受到，它不是一句抱怨。用語言有點難解釋，它並不是「我還能怎麼辦呢，就只能這樣啊。」而是「哦！好哦，那就先這樣吧。」例如上述的行程耽擱，當印尼人說出「我還能怎麼辦呢？」的時候，不太會很緊張、焦慮，就只是等等再做原本要做的事情就好了。「我還能怎麼辦呢？」不是一個貶義的概念，它更是一種寬容看事情的方式。

相信宿命的爪哇人、印尼人來到臺灣當移工，在異鄉的他們身處各地。他們在雜誌裡希望遠方的同鄉能祝我生日快樂；平日無法出門，就在網路直播，反正有個家族，可以與家族哥哥姊姊媽媽爸爸聊天到半夜；也在公園、垃圾車彼此幫忙匯錢又料理印尼菜，當對方暫時的媽媽，但不會是永遠的家人。

「媽媽」英塔利說，「當我跟某一個人有一樣的 Nasib（命運），都覺得很孤單，當我們一樣很孤單，彼此就成為朋友。」

mau gimana lagi？

我還能怎麼辦呢？

聽說開齋節要到了

人類學家特納（Victor Witter Turner）說，儀式像社會戲劇（social drama）。在儀式裡，大家是一個大型的劇場，劇場裡每一個動作都充滿了象徵的意義，大家要一起展演、達到我們期待的秩序，不管是社會內部的秩序，抑或是社會跟環境的秩序，我們的展演為的是消除社會、群體、個人心中的不安與壓抑。

夢會呈現生命裡擔心的事情。如果人類社會是一個人，儀式與宗教就像是夢一樣。人和社會生活有許多衝突需要克服，那些原本我們壓抑的衝突被克服在潛意識裡面，衝突會透過儀式、宗教展現出來，而人們透過儀式的展演，消除內心的衝突和矛盾，帶向另一個穩定。

宗教和儀式，對印尼穆斯林來說是什麼？

我之前在《移民工文學獎》曾經看過幾篇印尼移工寫的作品〈誠實與順從〉（Nanik Riyati: 2014）、〈中正〉（Firis salsabilla: 2015）等，無論是逃跑的親身經歷小說，或是想家的詩，文末有時印尼人喜歡囑付「感謝阿拉持續給予希望」。後來才知道，那是部分印尼穆斯林從小書寫的習慣。

二〇二一年五月，電視新聞播放著，大甲媽祖、白沙屯媽祖經歷疫情暫停一年後，順利啟程進香遶境。

聽說開齋節也要到了。

印尼移工的齋戒月日常

「Mohon maaf Lahir dan Batin」（我發自內心的請祢原諒我的不對），身著禮拜長袍的穆斯林女性在公館的臺北清真寺二樓排排站立，她們唸禱，祈求真神阿拉原諒過去一年自己的罪過。齋戒月每日傍晚，臺北清真寺總是聚集了許多孟加拉、印度、摩洛哥、印尼等國家的穆斯林朋友。無論他們身分是留學生、移民、移工，齋戒月讓這群人聚在一起。

二〇一九年六月四日，那年齋戒月的最後一天，我跟著印尼朋友到臺北清真寺，等待日落開齋。那一年的齋戒月，幸運在朋友的帶領下，我去了清真寺兩次，每每依著朋友到清真寺二樓的女性祈禱區，因為自己沒有戴頭巾，默默坐在樓梯口觀看大家禮拜的過程。

下午五點多，先抵達清真寺的人們總是異國男性與他們的小孩，大家會坐在清真寺前抽菸，放孩子在空地玩。若是從清真寺外往內看，清真寺前人行道，有接送小孩放學的大安區臺灣爸媽、騎腳踏車的長輩；清真寺騎樓，你會看到站著與坐著抽菸聊天的男人；清真寺內，寺裡擺放一個個圓桌，上頭鋪粉紅色塑膠袋，像擺喜宴一樣，桌上早已放好禮拜完準備給大家的齋飯，與一大壺紅色糖漿水。

接近日落時分，騎腳踏車匆忙停車的穆斯林女性才紛紛出現，她們多半是從雇主家趕來的印尼移工。清真寺禱告需要男女分眾，大眾在禮拜前的洗淨[6]後，男性穆斯林在一樓大廳，女性們則上了樓梯，到二樓一處較小的空間中。

清真寺二樓除了是女性禮拜的區域，小女孩、男孩也跟著媽媽來到這裡。我坐在樓梯看著眼窩深邃的小孩們跑來跑去。當清真寺第一聲 Adzan（喚拜）響起，意味太陽已經落下，一整天的禁食開齋了。二樓的婦女們傳遞杯水、分享帶來的椰棗與甜食，印尼俗話說，開齋就要「berbuka puasa dengan manis」（開齋要配甜的），補充低落的血糖，恢復體力。一位印尼媽媽分給我她自己做的椰子米糕，淡黃色的米糕在掌心中溫溫熱熱，我拿起包包裡的消化餅，分給身旁的陌生朋友。在齋戒月的清真寺裡，分享是一件很重要的事情，遇到不熟悉場域的陌生人，大家也會熱心的指引。

「在印尼，若齋戒月時慷慨分享、不求回報的給予，你就能夠擁有一個好的開齋節。」朋友說這是伊斯蘭中「ikhlas」（竭盡所能的奉獻與給予）的信念。

五分鐘後，大家已經穿好禱告長袍、鋪好自己腳下拜拜的地墊。眾人低頭排排站好，隨著清真寺內廣播開始禱告。禮拜空間後方是小孩們活動的空間，因為他們年紀太

6 穆斯林的伊斯蘭生活方式中，有分「大淨」、「小淨」。「大淨」指的是清洗全身；穆斯林在禮拜前，皆需要「小淨」清洗局部的身體：手掌、嘴巴、鼻子、手臂、頭、腳。小淨後才能進行禮拜。

小，通常有一兩位不能齋戒的女性幫忙托嬰，和扶住他們不要亂跑。

禮拜結束後人們起身下樓，一起吃日落後的開齋餐，開齋吃飯，一樣是在清真寺裡男女分眾。齋戒月的每日傍晚，臺北清真寺提供紅糖漿水、白飯、烤餅、咖哩、生菜與西瓜，供來禮拜的人們食用。因為空間小，一個個板凳接連得很緊密。我和朋友一起下樓吃飯，卻發現大家幾乎不交談。人們非常專心的吃飯，因為下一場禮拜一個多小時後就要開始，移工們也要趕快回去雇主家裡。

大家在清真寺裡吃開齋飯，快速且嚴謹，食畢收拾碗盤、搬椅凳，然後歸去。

齋戒月和開齋節

每年伊斯蘭曆九月，當新月升起，各國的伊斯蘭宗教會所宣布齋戒月（Bulan Ramadhan）開始。在齋月期間，除小孩、病人、老人、孕婦、生理期來的婦女之外，每日太陽在空中的時候，穆斯林朋友皆不能吃食、飲水、罵髒話、從事性行為，直到日落第一聲喚拜後，人們才開始正常飲食。一個月後，當彎彎新月再度出現在夜晚的空中，則是盛大的開齋節（Hari Raya Idul Fitri/ Lebaran）。

齋戒月對穆斯林來說，是一個自省的月分。生理上的禁食讓人們在白天中感受情緒變化，時時提醒自己的精神狀態，禮拜時反省自身。但在印尼，農人、工人如果勞力過重，可以衡量當日身體狀況，判斷自己要不要齋戒；在臺灣，工廠移工經常要搬重物，看護與臺灣雇主生活在一起，自然有需要折衷的時候。在外流浪的人可免除齋戒。大家遵循教義，是信奉自己心裡信仰、相信的教義，所謂的教義的完整在自己心中。

但這只是我一開始的理解。

印尼移工們口中常聽見這句調侃，「ia muslim KTP saja」（她只是身分證上的穆斯林而已）。印尼身分證需要標示宗教，當人們說某人是「身分證穆斯林」，代表這個人其實沒在齋戒。在我自己認識的這群穆斯林朋友中，我以為的宗教，跟實際所見很不一樣。我的朋友們都是二、三十歲的印尼看護，她們會說，在印尼總統蘇哈托「新秩序時期（一九六六至一九九八年）」之前，她們的阿嬤輩平常在村子裡，沒有那麼多人戴頭巾。而一位臺灣朋友也曾說，她認識印尼人的時候會先問宗教，但齋戒月時，基於一種人們的默契，不會問她與他是否齋戒。

「妳在臺北車站，偶爾可以看到全身包得緊緊，只露出一對眼睛的印尼穆斯林。會有虔誠齋戒的穆斯林，但也會有各式各樣因為自身因素而選擇不齋戒的穆斯林。」一次去印尼朋友家聚會，一位沒有齋戒的穆斯林朋友在家準備了傍晚的齋飯，幾位有齋戒的朋友們紛紛來她家，準備一起開齋。而一位非穆斯林的印尼朋友自然地開玩笑說，「我中午就開齋了。」

我發現大家討論齋戒這件事，講到自己是否齋戒時，曖昧模糊，但討論到所謂「虔誠之外」，又非常的自然。

可是，開齋節來臨的氣氛，不管她們是否齋戒，還是濃厚地存在於我們的談話中。

彼時在印尼

印尼是世界上擁有最多穆斯林人口的國家，有八十七％的國民都是穆斯林。每到齋戒月和開齋節，氣氛跟穆斯林人數少的臺灣很不一樣，整個國家的下班時間提前、路上餐館多半傍晚營業，下午街道開始出現一年只擺一次的點心攤。人們說最好不要齋戒月時去公部門辦事，因為公務員齋戒也沒有力氣。但印尼的開齋節卻跟臺灣過年很像，「雅加達開齋節時就像臺北，路上沒有人，大家都回家了。」

印尼齋戒月白天，路上瀰漫一股安靜、乖張氣息，當下午三、四點，只在齋戒月，電視開始出現冰淇淋、飲料，還有 sirup（紅色甜糖漿）廣告。「berbuka puasa dengan manis（開齋就要配甜的）」，糖漿水之於齋戒月，印尼朋友說就像臺灣中秋節一定要烤肉的「一家烤肉萬家香」。朋友說在她小時候，糖漿水只有 Marjan 這個品牌，Marjan 一九七五年創立，起初只有富人喝得起，能喝糖漿水代表富足，大家都喜歡，漸漸有了其他的糖漿水品牌如：ABC、Nutrisari，糖漿水才變得家喻戶曉，成為一種印尼開齋代表飲料。齋戒月時，網路會出現迷因圖「當廣告開始出現糖漿，就代表開齋節要來了」。而「dengan manis（配甜的）」偶爾會有另一種意思，有人會說，我開齋和女朋友一起過，我也跟 manis（甜的）在一起。

人們白天克制欲望，日落後感到放鬆。下午廣告播送後，城市裡的百貨公司會擠滿人，「因為開齋節要到了」是個對自己好一點的好理由，傍晚百貨、商場、超市這時候會有許多特價活動，大家克制不住衝動消費，跟過年時臺灣人愛買彩券一樣。人們越靠近開齋節，越是喜歡約朋友到餐館等待日落，當日落的喚拜聲響，人們就在餐館裡默禱，一起開齋。夜晚，直到隔天日出之前，網購還會祭出「凌晨兩點到四點」的限時特價。整個齋戒月都有過節的氣氛。因為白天禁食，傍晚的開齋會不小心吃太多，人們也容易變胖。

開齋節，出外工作的人採購禮盒回鄉，讓家人看自己過得好。受華人文化影響，開齋節近年來也越來越流行包「紅包」，放點小錢，給身旁親友。這些紅包不是紅色的，多半是代表伊斯蘭的綠色，或五顏六色印有清真寺插圖的紅包，雖然顏色不同，不過人們在印尼還是習慣用福建話稱它「紅包（âng-pau）」。開齋節時，大街小巷都看得見名人、政治人物的人像祝賀海報。同一個家族的人會扮裝，穿同款花色的衣服拍照ＰＯ上臉書。開齋節最重要的是與親友相聚、到鄰居家拜訪、吃飯，有些地區，會有 Takbiran（原指「真主至大」，在此指踩街報信遊行），人們提燈籠、手握竹子火棒、打鼓走街。開齋節也要掃墓，人們會說：「如果有人開齋節還不去掃墓，是很過分的事情。」

開齋節的禮拜是肅穆的，回家開齋是熱鬧的。「但現在開齋節不比從前，小時候的開齋節比較熱鬧，長達一整週都在慶祝，現在頂多兩、三天。」Fenty（芬蒂）說在她小時候，開齋節當天，媽媽會帶她從村子頭開始，一戶一戶拜訪鄰居，當時她還是小女孩，看到這家的糖果好吃，會塞一點到外套口袋暗自竊喜。她小時候的印尼村莊關係緊密，不過也隨著她逐漸長大，鄉村的年輕人逐漸去城裡工作，城市節奏、人與人的關係疏遠，開齋節鄉里關係改變。她自己也離鄉、出國，開齋節再也不一樣了。

臺灣的開齋節

二〇一九年六月五日星期三，這天是伊斯蘭曆的開齋節。在臺北，早上六點捷運第一班車出發的時候，臺北車站外頭的廣場就已經聚集了來拜拜的印尼移工們。她們身穿五彩繽紛的頭巾、裙裝。人們說，開齋節就要穿一身最好看的新衣來禮拜。

凌晨五點多的公車、臺北車站附近的街道都是印尼人的身影。臺北車站外前廣場架設了禮拜帳篷，人多到擠滿廣場。人群外圍有一些攤車小販，有臺灣警察持對講機走動，也有身著卡其軍服的穆斯林男性，代表印尼穆斯林移工宗教團體維持秩序。我聽見警察規定人們在廣場中拜拜，不可以碰觸到草皮，當人多到被擠出馬路，警察一面拍照。

炎熱的天氣，有看護帶著坐輪椅的阿嬤一起來。阿嬤扮裝，戴著頭巾，捧一杯冷飲吸著吸管。

印尼本身有許多伊斯蘭社團，在臺灣也有分支，穆斯林移工在這裡會加入原本在印尼時信仰的社團分會。較著名的有伊斯蘭教士聯合會（NU，Nahdlatul Ulama）、穆罕默迪亞協會（Muhammadiyah），這些社團多半在印尼就有自己的組織，當印尼移工來到臺灣，就成立了在臺灣的分支，並在臺北、臺中設有據點。在臺灣每逢開齋節，臺北清真寺會與這些移工宗教社團合作，舉辦臺北車站的禮拜場，在我們這些臺灣人口中俗稱「大拜拜」。

臺北車站的大拜拜都是印尼移工，通常大拜拜由伊斯蘭教士聯合會主辦，穆罕默迪亞協會擔任協辦方，但是這些活動除了組織合作之外，也很需要贊助商。向來作移工生意的印尼銀行BNI、連鎖商業超市INDEX就成為主要贊助者。負責移工大小事的印辦（KDEI，駐臺北印尼經濟貿易代表處）通常也會掛名活動，「雖然不知道他們可以幫什麼，但是有幫忙。」印尼朋友調侃的說。

二〇一九年六月九日，星期天。開齋節過後的星期天是臺北車站最多人的一天。在臺灣，因為印尼看護大多休假受限，開齋節最熱鬧是當週的星期天。移工們除了在大廳聚會，也跟隨朋友到臺北車站Y區地下街逛街。

開齋節時，INDEX超市、電話卡廠商在地下街舉辦歡慶活動，有自己「服裝品牌、妝髮服務」小生意的個別移工也會成為贊助商，對贊助商或個人來說，在開齋節活動露出，是很好的廣告。這些活動有「頭巾選美比賽」、「唱歌活動」、「朗誦古蘭經比賽」，唱歌活動最多，但只有在臺灣的開齋節，會聽見印尼人在舞臺唱鄧麗君的〈月亮代表我的心〉。

這一幕有點像一九九六年陳可辛的電影《甜蜜蜜》，電影訴說當時中國人到香港做工，只要在香港聽見鄧麗君，就有中國人。不過鄧麗君之於印尼，卻有些幽微的不同。一九六〇年代臺灣戒嚴，歌曲審查制度讓臺灣歌手有了到東南亞發展的契機[7]，鄧麗君除了成為印尼華人社群裡的明星，因為影響力大，尤其一九七七年〈月亮代表我的心〉、一九八〇年〈你怎麼說〉這兩首歌，也傳唱到一般印尼馬來人的家庭裡。對印尼人來說，即使華人、馬來人大多不懂中文，但一定聽過鄧麗君。

7 吳庭寬，二〇一七年八月八日，〈那些我們的歌——臺灣歌謠與東南亞〉，《天下雜誌獨立評論》，網址：https://opinion.cw.com.tw/blog/profile/392/article/5969。瀏覽日期：二〇二一年六月七日。

當印尼馬來人移工來到臺灣，在開齋節的臺北地下街，拿起麥克風對著來往的觀眾，她唱出盡力從Youtube拼音練唱的鄧麗君〈月亮代表我的心〉，那個「你去想一想，你去看一看」，月亮代表的是她對臺灣的連結想像，與來往地下街的臺灣人，從視而不見，到聽見熟悉歌詞轉身的回頭探看。

雖然開齋節看來歡樂、和平，但對印尼人來說，開齋節壓力大。像是臺灣過年時年輕人怕面對「長輩問候」，開齋節家人相聚、鄰居拜訪時，印尼人也最常被問「什麼時候結婚？」、「有沒有男朋友？」、「為什麼不生小孩？」，無一倖免。在印尼的開齋節當天，是宗教氛圍帶領的親友訪見，比較嚴肅，通常不會有如臺灣這樣的歡樂歌唱場合，臺灣開齋節歌唱，是一種釋放。

除了〈月亮代表我的心〉，跟在印尼很不一樣的是，移工在臺灣的唱歌活動中，也會出現「Dangdut」（噹嘟）歌曲。噹嘟在印尼是一種庶民歌謠，流行於一般底層階級，噹嘟歌曲直白、直接。移工喜歡唱噹嘟，因為詞曲多半聚焦在婚外情、離婚、失戀，它正視現實，被視為是底層人民的解痛藥[8]。對移工來說，開齋節不是全然的淚眼思鄉，年輕人在臺灣能成功逃離長輩的熱情問候；移工生活不是全然的悲情惆悵，在我比較理解開齋節之後，印尼看護Yusni（尤斯妮）說她不想回家，因為回家會被逼婚；看護英塔利說她也不想回家，回家要面對鄰居問她為什麼離婚。

齋戒月是一種生命的週期

開齋節之前，移工們習慣郵寄箱子，[9]給印尼的家人，除了家電、禮盒、玩具、新衣，二〇二〇年開始，許多人也寄口罩。在印尼，開齋節是時間的分界，人們趁開齋節之前從城市返家，而在開齋節過後，人們準備離鄉尋找工作、去海外當移工。

我曾經看過一篇文章討論伊斯蘭中的封齋，[10]作者談他身為穆斯林，對齋戒月與封

8 吳庭寬，二〇一七年五月三日，〈噹嘟：一種混合體、止痛藥、脆弱的慾望〉。《故事》。網址：https://storystudio.tw/article/gushi/tarling-is-darling-and-dangdut/。瀏覽日期：二〇二一年六月七日。

9 通常是去 EEC 商店買海運的 mail box（郵箱紙箱），拿回家，慢慢填滿想寄回家的物品。填滿裝箱後，可以直接打電話給 EEC 商店的送貨員來你家到府收件，再跨海送到印尼的家。

10 Abdullahi An-Na’im，王立秋譯，二〇一九年五月六日，〈伊斯蘭中的“封齋”〉，《Matters》，網址：https://matters.news/@levisliqiuwang/伊斯蘭中的-封斋-zdpuAxywUCTyPCDguj4VoYZ971ducikyHtqrcHJgXKSCZYtEq。瀏覽日期：二〇二一年六月七日。

齋的生命體驗。對穆斯林來說，「開始實踐齋戒」是一種成年禮，女孩直到月經初來、男孩直到開始夢遺，才能跟大人一樣完整齋戒。對穆斯林來說，齋戒月塑造了一種生命的週期。作者說：「在反思我自己齋月經驗的時候，我看到，生命的週期隨齋月持續運轉：出生和死亡。」齋戒月是一種生命的特權、通過儀式，嬰孩出生至青春期之後才能跟成人一起齋戒，而當人年老、生病，則失去了齋戒的特權。他談到，齋月經驗是一種且憂且盼的複雜心情，就像是一場試煉，每年的齋月能看出年歲、意念的變化，而去細數自己生命的階段。

對在臺灣的印尼人來說，移工這個群體的離散，「移工」身分僅限於一小段他們的青春而已。每年開齋節，我發現身旁的印尼朋友們也總是變換，雖然不是穆斯林，但也幸運能跟著穆斯林朋友一起蹭著度過這些生命的週期。

二〇二一年開齋節當週，五月十六日是星期天，原本跟印尼朋友約好週末要到她家，一起穿黑色衣服像在印尼一樣裝扮。五月十五日星期六，臺北宣布進入疫情三級警戒，我們不能出門好一段時間。

哎呀，今年被困住了。

劉毅英文
凱基證券
eslite 誠品站前店

移工在臺北車站廣場禮拜

移動

「移動性隱含的是短暫且飄忽不定，一種自由的意義，即順著沒有停靠終點的航線而移動的自由。」

——彼得．艾迪（Peter Adey），《移動》（Mobility）

關於移動

對移工來說，移動是什麼？

如果「移動」，不只包含表面上一個人移動到另一個國家工作，那移動還有什麼其他的意義？

我在房間很悶，我可以移動，去轉換心情。那麼移工的移動呢？

彼得．艾迪在《移動》這本書中寫道，一個人如果移動了，那個移動不只是空間的，同時也是社會的、權力的、城市的、自然的、家園的。移動是個過渡的過程，能通過、淨化、跟某個難關說再見；移動是為了「離開」什麼、「靠近」什麼。

那移工的「移動」，我們可以討論的，是不是能夠不只是被壓在社會結構下的，相對較負面的移工丈夫外遇、移工無法兼母職，或是經常在媒體看見的移工悲慘際遇，我認為這些當然是存在的，但不能只是這樣而已。移工的移動，也代表了他們來到新的地方，藉由移動，尋找觀念的、愛情的、生活的新可能。

移工在他們的生命狀態裡移動。他們既從島外移動來臺灣，也在臺灣島嶼中以各種不同的方式移動。

各種不同的方式

在移工社群中，移工對交通工具的使用偏好與臺灣人有些不同。移工在臺灣要移動到別的地方，如何放假、怎麼找同在臺灣的親戚，搭什麼交通工具去？這件事非常有趣。我訪問了一些印尼朋友，以及綜合了我對這些交通工具的觀察，一位移工坐什麼交通工具較多？要先看移工人在城市還是在鄉村。

臺北地狹人稠、交通方便，臺北車站又是一個交通的凝聚點，三鐵共構。移工們普遍搭捷運、火車、公車（相對較少）前來臺北車站大廳。臺北有捷運、公車，到哪裡都不是問題。但對於居住在鄉間的移工，出外反而格外不易，交通方式自然與臺北大相徑庭。以下是幾個常見的交通工具。

計程車：

計程車幾乎是最多移工最早接觸的交通工具，因為人生地不熟，移工剛開始能夠出門放假，多半選擇計程車。舉凡臺北車站、臺中第一廣場、臺南火車站，每到週日，周遭的計程車生意特別好。移工們若上了計程車，通常給司機看要前往的地址。不過男性移工通常不諳中文，有些移工大型的表演、秀場活動海報中，海報角落會直接貼上地址的「中文門牌」相片檔，用意是讓移工們叫計程車到表演場地時，雖然不會講地址的中文，但是可以直接給小黃司機看門牌的圖片。有些男性移工一群坐上計程車，也會打電話給較熟絡的女性移工，請她們協助跟司機說他們要去哪裡。

高鐵：

對大部分的人來說太貴了，雖然很快。

火車：

住在臺北城以外、住在工業區的移工必學。移工們會先知道火車有不同種的票價，得先學會怎麼買票。過去還沒有悠遊卡的時候，移工必須要學習怎麼跟售票人員買票，或學習按機器、自己輸入要去的車站。一開始大家總是只會坐區間車，但後來慢慢學會搭乘自強號、莒光號等等長途車種。

捷運：

對大部分移工來說，如果不坐計程車，捷運是最簡單的選項。因為印尼移工普遍來自爪哇島的鄉村與漁港小鎮，沒搭過捷運，學習坐捷運要先學會加值，再學會看顏色。捷運簡單，因為不會迷路太遠，要是迷路了，再照著顏色坐回來就可以了。

公車：

對移工來說，公車是最難的交通工具。不過在臺北，像是住在桃園八德的移工，如果想放假，不想搭太貴的計程車，就一定要搭公車才能來到臺北車站。公車通常是我認識的移工中，大家要花最多時間學習的交通工具。

包車：

直到二〇一七年，我才知道有「包車」這個交通形式。那時我回到臺南生活，有個週日，我跟新認識的印尼看護Ami（阿咪）走在路上，經過臺南大飯店。我看見一輛廂型車停在飯店門口，一位臺灣司機招呼著兩、三位印尼姊姊上車。我問阿咪，為什麼她們會一起上一輛臺灣司機的車？那是仲介嗎？阿咪說不是，她說，移工們除了週日會搭計程車來市區放假之外，也很常約朋友包車。看護的工作身分讓她們都分散住在不同的鄉村，有時她們住的家走出門也找不到公車站牌。這時，如果想要去市區放假，可以約朋友一起包車。包車的司機當天早上會各自到她們的雇主家接送，載她們到市區放假；傍晚時分，她們再與司機約一個會面點集合載回家。這樣的包車一趟來回大約臺幣一千至一千五百元，包車對看護來說可以分擔車錢，也可以免除住在郊區交通不便的困擾。

除了這些車以外，還有一種車，叫做電動車。上述的公車、火車是別人的、大眾的，但是對移工來說，電動車可以是自己的。如果在臺灣的鄉間、工業區或產業道路上，看到有人騎著小型電動車，幾乎可以肯定那是一位移工。而在臺灣有許多印尼男性移工，非常喜歡改裝電動車。

改裝電動車

Iqbal（阿寶）在桃園蘆竹當廠工，二〇一八年，他和朋友成立了一個移工電動車隊Siput racing（賽跑蝸牛）。這天，幸運的透過在桃園市群眾協會移工庇護中心印尼分館工作的朋友得軒幫忙，我們一起到桃園找阿寶。我們剛到的時候，發現地址在一處工業區廠房中，四周皆是鐵皮廠房。

阿寶帶我們進入一個神祕的改車空間。

我們沿著一條縫隙小路，走到一間大工廠的後方。這裡有一個鐵皮停車棚，停了八臺改裝過的電動車，有一般小型的電動車，也有俗稱「偉士牌」的機車型電動車。停在這裡的電動車，鑰匙都插在車上。停車棚後方有一面米白色的牆，牆上釘阿寶的車隊「Siput racing」布條，布條旁邊有一個乘涼的亭子，阿寶說，大家平常會在這裡吃東西喝酒。亭子對面，就是工廠大廠房後面的室內走道。長長的走道，是車隊的改車工作空間，空間中放了車隊參加電動車選美比賽的獎牌，有一些車隊的成員在此敲敲打打、為改裝車焊接上漆。這個長長走廊的上方是移工宿舍，老闆知道也同意車隊運用這個空間。

這個大工廠，是賽跑蝸牛車隊其中一些成員上班的工廠。阿寶自己的工廠在附近，僅有十分鐘距離。車隊的成員們大多在附近的工廠上班。工廠後方是一座橋，有小河，可以釣魚。阿寶說，他們昨天釣到一隻 Lele（鯰魚）。

Siput racing **賽跑蝸牛**

阿寶剛來臺灣的時候，就喜歡跟朋友參加移工的改車活動，後來七、八位朋友在三年前一起成立了賽跑蝸牛。車隊叫做賽跑蝸牛，是因為他們喜歡改「偉士牌電動機車」，電動車後座的形狀就像蝸牛。現在車隊一共有三十多位成員，成員們都是在桃園工作的廠工。阿寶說，每個地區有自己的車隊可以加入，桃園有桃園的、苗栗有苗栗的。光是在桃園，就有十個以上的電動車隊。不過全臺灣的電動車隊無法計數，因為太多了。

阿寶穿著賽跑蝸牛的車隊藍色團服，在工廠走廊中的有些車隊成員，也穿著不同年份車隊訂做的T恤。他們有自己的團服、車隊Logo、車隊布條，在每一輛車隊電動車上，也貼上了車隊的貼紙。阿寶說這些Logo貼紙、衣服、布條，許多移工電動車隊都是請印尼的廠商製作，整批訂做好，再寄來臺灣。

阿寶說自己其實不算是車隊隊長，在賽跑蝸牛車隊裡，沒有隊長、副隊長的職位分別，每個人都是平等的，他的身分比較像幹部，有活動時負責聯絡大家。雖然車隊中沒有職位，但是有特殊分工，阿寶說在每一個車隊當中，幾乎都有比較熟稔機械的成員擔任技師，有藝術天分的成員會擔任上漆師傅。如果有沒參加車隊的移工個體戶想要改車，他們會來到車隊的改車空間，請車隊的技師與上漆師傅協助。

阿寶第一次來臺灣工作也是二〇一八年，他剛來臺五個月時，第一次自己買電動車，他也改了車。不過這不是阿寶第一次改車，在印尼本地，人們本來就很流行改車。

阿寶的家鄉在印尼中爪哇的Boyolali（博約拉利），早在他讀國中的時候，他就喜歡機車和改車了。阿寶說在印尼改車的人很多，而且改車的技術更強，也有各種改裝車賽車比賽。不過以前國中、高中的時候，阿寶改車是拿爸媽給的零用錢，自己沒有收入，所以不常改。但阿寶高中的時候會參加一些改裝機車賽車比賽，同學們無論男女，幾乎所有人都會玩車子。在臺灣改車、在印尼改車也有很大的不同，在印尼大家普遍改機車、在臺灣大家改電動車。在臺灣大家不會真的改得很誇張騎車上路，整體來說，有在改車的人也沒有那麼普遍。但在印尼，在路上的機車大約八成都是改裝過的，也可以改到很誇張豔麗。

改車這個領域分成「負責改的人」與「賣零件的人」。如果移工在臺灣想改裝電動車，得自己買零件。賣零件的商家臺灣人、印尼人都有。臺灣商家普遍進口中國的零件，單個零件費用較便宜；印尼商家則會從印尼進口特別樣式的零件，因為有海運成本，費用較高。中國零件通常是大量生產，形狀統一、素色，印尼零件則是可以客製化雕刻自己喜愛的花紋。因為移工薪水不多，經常是一次買一點，或分期付款改裝他們心愛的電動車。

阿寶從工廠走廊的櫃子頻頻拿出一個個零件給我們看，我們一面看著輪胎內裡的金色烤漆雕刻花紋，我也同時發現阿寶看著我們看他的輪胎，他正在展現自己喜歡的東西，露出自得自信的滿足表情。

聚會與跑山

賽跑蝸牛車隊每週有聚會，週六晚間，車隊成員會一起來喝喝小酒、吃宵夜聊天。週日大家通常會一起出去玩，騎車去竹圍漁港、或附近的海灘散步，也經常一群人騎車去西門町，車位難停，他們並沒有停在紅樓或熱鬧的西門街市逛街，經常是到了西門町去便利商店買點東西、繞一繞，再回桃園，單純是喜歡騎車吹風看風景的感覺。

有時候他們一群人也喜歡在夜裡跑山，他們喜歡去桃園大古山福山宮，他們叫這裡「拜拜的地方」、「山腳」，也有很多臺灣年輕人在這裡跑山。有時週六半夜一、兩點車隊一起騎車上山，臺灣人會找他們一起騎車比賽。阿寶說，他們夜裡跑山，曾經在山路上有一整群臺灣青年騎重機朝他們來，叫他們把車停下來，原本阿寶和車隊的朋友有點驚嚇，深怕被找麻煩，結果只是這群青年看他們的電動車太炫，他們眼睛發亮，純粹好奇，想騎騎看。也曾經有臺灣人問他們這樣改一輛車多少錢，臺灣人聽了價錢便說，他還是騎機車好了。他們每次騎電動車上山跑山，上山後在涼涼的山頂彈吉他、唱歌，總是早上才回來。

臺灣有許多移工的電動車選美比賽，各地的車隊，會各自以一輛整個車隊協力改裝的電動車參賽。每次選美比賽之前，會有一個月籌備期。那個月，賽跑蝸牛車隊的所有人，每週六日都會聚在這個工廠後方的改車空間，有的人配電線、有的人組零件、有的人上漆，全部的人同心協力改一輛選美參賽電動車。人們在此經常進入忘我的狀態，常常從週六晚間改車改到週日上午。阿寶說因為上漆不能一次上完，上了要再磨，所以要很久的時間。他們也習慣熬夜。

阿寶說，其實改過的電動車可以用得比沒改過的車還久，因為沒改過的電動車殼有時騎太久會過熱，容易整臺壞掉。阿寶和車隊團員各自的電動車都是改裝過的，臺灣同事們有時也好奇，老同事、年輕同事都會跟他們借電動車來騎。阿寶在工廠中有位臺灣倉庫主管，每天早上他總是喜歡跟阿寶借他的電動潮車，去工廠附近繞一圈。也曾經有車隊成員自己的改裝電動車，臺灣同事喜歡，直接跟他買。

為什麼喜歡改車？

我們還沒提到改車最重要的部分，改車很貴。在臺灣買加改一輛電動車，平均要花臺幣六萬五千元，如果是「偉士牌電動車」要價七萬。如果這臺電動車要改裝來參加電動車選美比賽，那麼就要價十三萬以上。

阿寶說，他們這些有在玩改裝電動車的人幾乎都還沒結婚，因為單身沒有那麼多家庭的經濟壓力，才玩得起。許多未婚移工喜歡玩車，那已婚的移工喜歡什麼？阿寶說，釣魚。釣魚不用錢。

我問阿寶和車隊的成員，移工能夠在臺灣的時間明明不是永久的，男性廠工最高年限十二年。為什麼大家還會這麼熱衷花這麼多錢，改一輛只能暫時騎的車呢？阿寶說，其實大家要回印尼的時候，可以把自己的電動車賣掉，移工們之間存在一個沒有實體店面、建立在人際網絡的電動車二手買賣市場。有人會把車賣掉，也有人會直接寄回印尼。曾經有人拿ＥＥＣ的大箱子海運寄車，結果電池不幸燒起來。如果要寄車，要找專門寄車的貨運，從臺灣運到印尼大約三萬塊臺幣。

那家人如何看他們改車呢？花錢改車，爸爸媽媽會念嗎？他們都笑了出來，「當然，還是多多少少會有一點啦。」阿寶說，他們的家人多少會念一下，但不會到責罵。在一旁的車隊成員阿魯跟我們說，花了錢沒有關係，重點是他們能夠享受這個開心的感覺，這種感覺，是不能用錢計算的。他說改車，也是一種藝術。阿寶說，改車一方面是他們自己的興趣，因為在臺灣的生活就是那樣，沒有興趣的話很無聊。另一方面是，騎車對他們來說，比起計程車、公車、火車，騎自己的車，還是比較方便。

我也曾經問過一位臺灣零件老闆怎麼看改車這件事，他的零件商店客戶幾乎都是喜歡改車的移工，因為移工的改車選美比賽很多，這些開零件商店的臺灣老闆也經常是選美比賽的贊助商。老闆說，「改裝，其實是一種改善。」

怎麼說呢？「改裝是改善，簡單來說就是電動車不像機車可以加油，方便或者出遠門不用擔心續航力。電池的容量大小，或煞車性能，或一些手把、坐墊、避震器，整體的騎乘感受，會因為改裝而變得不同。但是原廠車並不在乎這個，只在乎便宜、可以騎。所以我會說，改裝是改善一輛車的方式。它可以不再是統一的，而能是因人而異的改裝，每個人追求的體驗感不同。」

我忽然理解了。移工的生活，就像他們的電動車一樣。

電動車有時速的限制、電池容量的最大值。「可是改裝，是沒有極限的，你想改到多快、騎多遠都可以。」一臺電動車，也像是移工原本充滿限制的生活。改裝是一種改善的方式，在一臺小小的電動車裡，他可以把外觀改得絢麗，電池的安培可以改到讓他從臺中騎到臺北，時速也可以一催電門，六秒就到達一小時兩百公里。

六秒兩百公里，騎了會不會害怕？「不會，這需要練習。」阿寶和賽跑蝸牛前陣子去苗栗參加了一個電動車賽車比賽。他們改了一臺電動車，加速到時速一百五十公里只要七點五秒。參賽前的那陣子，他們總是在凌晨兩、三點的夜裡，跑到蘆竹附近杳無人煙的田間道路，那時非常安靜，他們也安靜地飆車。

一臺改裝過的「偉士牌電動車」

Siput racing 賽跑蝸牛車隊

2

擁有相同情緒的靈魂

在蓮池潭唱臺語歌的外勞[1]

幾年前的某一天，朋友傳給我一個直播連結。我點進去看，是位唱臺語歌的看護。

直播中，她右手拿著有線麥克風，唱的不是印尼鄉村的噹嘟或流行樂，而是今日臺灣年輕人早已淡忘的臺語歌。她唱歌的嗓音低沉，左手成直角，輕輕放在肚臍，身體緩緩踏前、踏後，是我常在臺語歌唱節目看見的那款姿勢。直播的歌聲回音重，聲聲都有顆粒雜訊。她後方是彩繪的山水牆、遮蔭鐵皮，和一臺卡拉OK機器。她在蓮池潭唱歌，身旁的聽眾是六十歲以上的臺灣阿伯。

臺語歌唱完後，她靠近直播的手機，用印尼文介紹說她唱完了，跟觀眾再會。

她是Umi（吳咪），一位在蓮池潭唱臺語歌的外勞。

1 本篇使用「外勞」，因為是主角本人的自我稱呼。

吳咪是一位印尼看護，她愛唱歌，有自己的 Youtube、臉書粉專和 IG。她的臉書寫著座右銘：「我是幸運兒，愛唱歌跳舞表演，我會順順利利成功。」她的「臉書精選」，皆是她去歌唱比賽上臺的照片。

吳咪唱臺語歌，講的中文有臺語歌的口氣。人生親像一首歌，她說自己的苦、自己的心酸，不要給人家知道。心事誰人知，她經常去高雄的蓮池潭唱臺語卡拉 OK，唱歌時，會到蓮池潭對著潭水大喊，「我一定要成功」。在蓮池潭吶喊出來，她說那裡都是卡拉 OK 的聲音，所以沒有人會聽到。

一個會吶喊「我一定要成功的人」，過去是不是經歷了一些失敗？唱歌和訪談的時候，吳咪會創作出一個檯面上的自己。當講到過往，吳咪會稍微按暫停，說已經過去，說那就像一本書，「我們想前面的，以後也不要這樣傻傻相信人家。所以我現在很怕男生。」吳咪再按了暫停。

來到蓮池潭

吳咪一九七四年生，來自中爪哇的鄉村 Purwokerto（普禾加多）。在她來臺灣之前，父母本來很有錢，因為被騙而家道中落。她二〇〇二年第一次來臺灣，在臺北工作四年。以前在臺北的時候，她經常看到蓮池潭的旅遊廣告，很想去那邊。四年後從臺北回印尼，吳咪說以前在臺灣賺的錢真的很好用。她變成八間店的老闆，請了九個員工。名下有一間網咖、四間PS2專賣店、一間影印店、一間書店、一間手機店。店開了九年，「都是因為老公。」吳咪只說了這句話，然後按下暫停鍵。

她的臉僵著笑說，她把店全部都賣掉了，因為老公在外面亂花錢。吳咪把她的一切都賣掉了，去離爪哇島好遠的Sulawesi（蘇拉威西）買了一塊棕櫚園，那裡的棕櫚園幾乎都是日本人、韓國人買的，她爸爸會過去那邊顧棕櫚園。吳咪又來臺灣賺錢。

二〇一五年，吳咪來到左營楠梓的雇主阿嬤家，家就在蓮池潭旁邊。她學臺語歌，一開始是因為阿嬤聽了開心。阿嬤每天轉「三立臺灣台」，愛看唱臺語歌的《超級紅人榜》。吳咪說她想當一個不一樣的外勞，想認識多一點臺灣人。她晚間倒垃圾的時候，看見公園阿桑們在跳舞，她就去活動中心報名一起跳舞，多認識跳舞的阿桑。後來在楠梓阿嬤家工作一個月後，終於有一天放假，她跑到了心心念念的蓮池潭，開始認識蓮池潭的阿伯們。

第一次去蓮池潭，除了看外勞們都喜歡的龍虎塔之外，「我發現，有唱歌內。」吳咪把蓮池潭的卡拉OK惦記在心內。當時吳咪沒有放假，但老闆聽說了她想去蓮池潭唱歌的願望，跟她說阿公、阿嬤中午睡覺可以去一下。從那時開始，她中午會騎腳踏車出門，十分鐘就到蓮池潭，一次唱歌一、兩個小時。老闆沒上班的時候，她可以去久一點，但五點之前要回家。

吳咪第一次走去蓮池潭的卡拉OK，發現這裡都是六十歲以上的退休阿伯。她默默靠近，說：「我可以唱嗎？」阿伯呆呆看著她問：「妳會唱臺語歌喔？」於是，吳咪成為蓮池潭第一位戴頭巾唱臺語歌的外勞。「那個蓮池潭大家都認識我。」

吳咪至今已在蓮池潭唱臺語歌七年，她幾乎不用自己投錢給點唱機，因為阿伯、阿姨會投錢點她唱歌。吳咪每次從雇主家出門前，因為蓮池潭唱歌點歌要排隊，如果可以待在外面的時間很勉強，她會先打電話給阿伯點歌，阿伯說吳咪你的歌大概下午兩點多，她就抓準時間出現、唱兩首、回家。蓮池潭的阿伯、阿姨看了歡喜，不時給她紅包小費說再來一首。她說紅包裡不是很大的錢，卻是很大的鼓勵。

吳咪有兩本自己做的歌本，一大一小。她翻開隨身帶的小歌本，裡面有一百多首臺語歌。我翻了幾頁，發現她唱的幾乎都是男生唱的歌。吳咪說，因為點歌的都是阿伯，所以她幾乎唱男生的歌；是男key，所以歌名旁她要標註升什麼key。並在另一頁，她每一首歌都註記了「音圓」、「弘音」、「MIDI」不同廠牌伴唱機的點歌碼。「這樣要唱什麼就直接點。」不用再找那一大本點歌單翻翻翻，專業點歌等級。

吳咪還有一本大歌本，是她用來背歌詞的。在大歌本中，她用藍筆抄寫了每一首歌的中文歌詞，在中文下方用紅筆以印尼文寫上拼音。歌本上紅字註記密密麻麻，一些字圈起來，一些字打勾，有時空白處會有「母音都會唱出來」的筆記，和一些螢光筆跡。一百多首臺語歌，吳咪用背的，但她並不一定知道全部的意思。「因為知道的話，我會哭出來。」吳咪說她曾經唱〈多桑〉唱到哭，唱〈半包菸〉也唱到哭。

我想起小時候跟爸爸媽媽去遊覽，在遊覽車上聽阿桑、阿伯們唱江蕙的〈家後〉，我偷偷跟著唱，明明那時的我只有十歲吧，但也唱到哭。阿伯們的臺語歌裡，總是有那個年代的宿命感，而現在唱歌的人是爪哇人吳咪。相信宿命的爪哇人，唱著宿命般的臺語歌，真是有趣。

同樣有趣的是，我發現吳咪的歌單，都不是我聽過最有名的那些臺語歌，沒有江蕙的〈家後〉、黃乙玲的〈海波浪〉，反而是很多我從來沒聽過的歌，像是〈英台〉、

〈想念你的心肝你敢知〉。「我也不知道哪首歌紅，阿伯們點，我就唱。」

吳咪的中文和臺語究竟怎麼學的，才能唱臺語歌唱得這麼順？她說第一次來臺灣是二〇〇二年，那時還沒有智慧型手機，很無聊。她每天在日曆紙的背面抄寫五個中文字。早安、晚安、謝謝，每天寫滿滿。一天五個字，不用刻意背起來，三、四年後有一天她看報紙，發現都看得懂。

吳咪的臺語，則是透過唱歌背起來的。她說其實她的中文比臺語好，除了背過的歌詞之外，一般的日常對話，她臺語不太輪轉。但是當拿起麥克風唱臺語歌，又彷彿變了一個人。

枋寮通靈阿嬤說，我是好人

吳咪從蓮池潭出道，成為蓮池潭奇談。吳咪也遇到伯樂，一位教人家唱臺語歌的老師「五哥」。吳咪在高雄跟五哥學唱歌一年，他教她咬字和呼吸。五哥說唱歌不能用喉嚨，要用丹田。吳咪忽然站起來，靠牆壁，用手機抵著自己的肚臍下方，她說呼吸時腹部要動，才是正確的呼吸。

在左營五年，吳咪照顧的阿公、阿嬤過世了，她轉換雇主到老師「五哥」枋寮家裡，照顧五哥的媽媽「阿嬤」。阿嬤家開宮廟，阿嬤能跟菩薩講話，吳咪來到枋寮阿嬤家，阿嬤看了她第一眼，就跟她說，「妳是一個好人。以後可以賺大錢。」

穆斯林吳咪說，在印尼民間，確實也有像阿嬤這樣的人，可以跟靈界講話，可是她過去只相信阿拉。但來到臺灣，枋寮阿嬤家，她看見阿嬤跟觀音菩薩為人治病和解惑。阿嬤常常替生意人解決疑惑，生意人問為什麼他生意不好，阿嬤會說要怎麼改善；「五哥」學生的兒子中風，來找阿嬤，吳咪說阿嬤弄了一些不知道什麼的、噴那個水、灑一灑，「欸真的內，他真的好了！」吳咪瞪大眼睛。

吳咪說，廟裡面總是有一張紙（符咒），她不知道為什麼大家都會拿很多。阿嬤的兒子三哥跟她說，這一張紙，妳不知道啊？這很神奇耶，如果你生病、不舒服，都是用這一張紙。你拿回去，燒掉，一半這樣子，放水裡，噴在身體上，你會比較舒服。雖然身為穆斯林的吳咪，至今沒有試過那張紙，但她觀察廟裡來來去去的香客，結論是「欸，真的內！有效。」

這個神奇的家庭，趣味的是，阿嬤的看護、阿嬤的兒子全部都很喜歡唱歌。有一次，吳咪和三哥的兒子、四哥、五哥一起去參加臺語歌唱比賽，結果四哥、五哥進了決賽，吳咪和三哥的兒子落榜。

吳咪說她來臺灣後，改變最多的是她的想法。她現在會覺得，原來人生就是這樣，有垃圾，也有黑暗面。吳咪想要成功，她說她最近漸漸上手。因為唱臺語歌，她開始認識許多臺灣朋友。有位做直銷的臺灣朋友過去窮到要偷鄰居的電才能過活，但現在變得很有錢。吳咪問他，你是怎麼成功的？他跟吳咪說，變有錢的祕密就是，先幫助別人。因為幫助別人，善念會回到自己身上。吳咪說自己現在經常捐錢，寄錢給印尼的媽媽包紅包，分給村子裡沒有爸爸媽媽的小孩。「然後我真的越來越有錢。」

我問她說，這個我好像有聽過，是不是「吸引力法則」？吳咪忽然驚訝，說：「我學過內，吸引力法則。」原來做直銷的朋友邀了她去上課，她學了吸引力法則、數字密碼，還因此換了手機號碼，「13、31、26、62都可以，財神爺的數字。」吳咪說自己學了吸引力法則後，把願望都寫在一個本子裡，她教我：寫起來，然後你放著，相信它會實現，但不用一直想，就放著。「我的一個一個願望全部都實現了！」

雖然一開始，吳咪不是很想說她的過去。但後來，她對我說，她之所以很想要成功，是因為來臺灣之前家道中落，一位鄰居妹妹曾經跟她說：「妳窮，配不起我。」那一刻起，吳咪在心中決定以後不要讓人看不起，她要成功，她想當一個不一樣的外勞。

不一樣的外勞

我問她：「不一樣的外勞是什麼樣的外勞？」她說一般的外勞，就是跟朋友聚會，這沒什麼不好。但是在印尼，過去大家看不起去國外工作的人，因為在印尼，人們看不起幫傭。但是如果她唱臺語歌，變得有名，直播、讓在印尼的人看見，就可以成為一個不一樣的外勞。

吳咪唱臺語歌，自己在江湖出道，二〇一七年她開始參加臺語歌唱比賽。每次的歌唱比賽，是她在蓮池潭卡拉ＯＫ看到唱歌比賽的傳單，她填資料，自己去郵局寄信報名。她點開手機，開始找她參加比賽和表演的影像，一個一個翻，說她曾經：參加四十六到六十歲限定的「翡翠女王」歌唱比賽。

參加過信吉電視臺的海選，第一名分數九十二點一，她第二名九十二。
去過本土劇演員李建輝家唱歌兼幫忙競選。
去過大立電視臺唱歌，認識那裡的牛牛。
去小啟田綜藝傳播唱歌過。
去過養老院的公益演唱。
每年到岡山壽天宮表演。
跟藍正龍合照過。

她也點開 Youtube 的民視新聞報，找了很久，說她在某個新聞影片裡，那次有五十一人參加比賽，但民視新聞臺只訪問她而已，第一名都沒有訪問。她笑咯咯。我聽著她說，大立電視臺的總經理、董事長都認識她，她也跟評審誰誰誰很熟。我雖然完全不知道大立電視臺是什麼電視臺，雖然表面上看起來，吳咪像把自己的獎狀、豐功偉業翻出來，有一種「啊那個人我也認識啦」的阿桑感，可是在內心，那是一種渴望被看見，想要證明自己的勇氣和渴望。

她唱臺語歌、交臺灣朋友，都是因內心渴望成為一個不一樣的外勞。

吳咪說她要改變，外勞在這裡也可以成名，做其他的事情、變得不一樣。她說外勞在這裡上電視，有時候都是勞工局辦活動，他們會訪問、讓外勞上電視，可是那些新聞，是關於他們（勞工局）還是關於外勞啊？吳咪說了一句讓我愣住的話，她說勞工局常常辦活動，常常讓外勞上電視，可是，電視裡觀眾看到的重點，是「勞工局辦了什麼活動」，而不是那個外勞。

「可是我不一樣，我是用我自己的努力在唱歌，上電視，被看到。」吳咪說她上電視，觀眾看到的是有一個外勞在唱臺語歌，跟勞工局沒有關係，跟雇主也沒有關係。

她說她最終的心願，是要上《超級紅人榜》，讓更多臺灣人看到她。

有趣的是，枋寮阿嬤過世後，現在吳咪的新雇主是高雄在地的直播網紅。吳咪的新雇主每天都直播，在他們的直播中，前半段會有主持人戴假髮、穿花襯衫或扮女裝，就站在高雄的大馬路旁邊說笑話，開開黃腔，直播中同時有幾千人看，後半段再開始業配賣產品。有時吳咪也會參與在直播裡。吳咪說老闆是網紅，臉書粉專有十九萬個讚，我跟她說妳也是網紅。她就笑了，說沒有那麼紅。

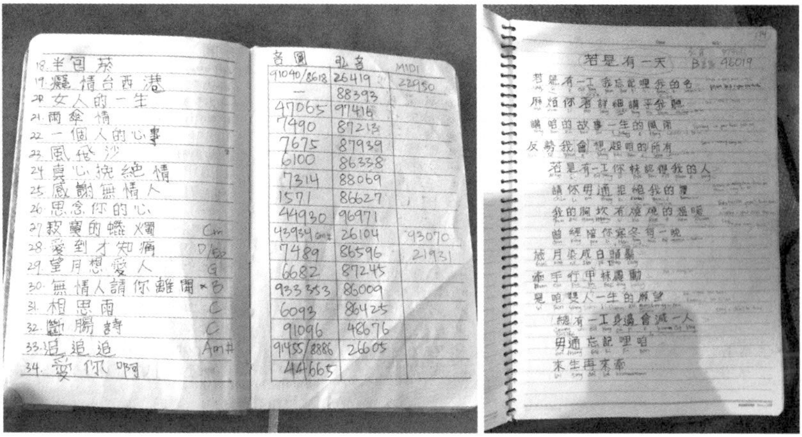

吳咪的小歌本與大歌本

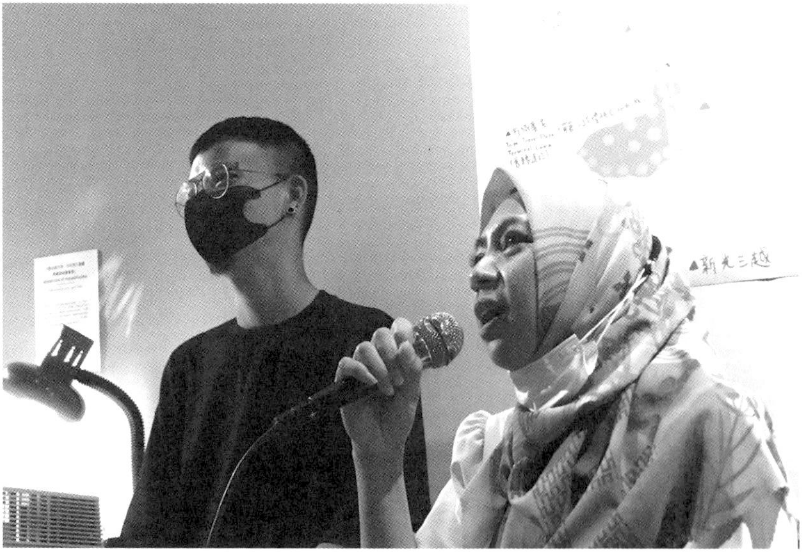

吳咪

關於雇主

「雇主和外傭，不一定每一個人都想要一個好的關係。而如果兩人都想交好，中間還是有一個結構性的因素限制了我們。」——陳如珍。

方姊：一位請了二十多年看護的雇主

方姊是一位雇主，今年四十多歲。她是我學校老師的一位好姊妹。那時是疫情三級警戒的時候，我們用電話訪談，我記得方姊講話好快，不過感覺是個親切的人。她一邊上班一邊接受訪談，有時會有電話打來。

方姊家裡二十多年來，都請了看護照顧媽媽。我第一次遇到請了這麼久看護的雇主，覺得很有趣。形形色色的外籍看護來去，她累積了一些心得，同時也聽了同輩朋友家請看護的各種八卦。關於雇主和看護，方姊有一套自己的觀察。

「雇主和看護不可能是平等的。」方姊是公務員，整個家族都是軍公教背景。她說雇主和看護的關係就像她的職場一樣，老闆和員工本來就在結構上對立，要求員工是合情合理。

方姊至今未婚，家族中她負責照顧媽媽。二十年前弟弟結婚搬走後，家裡就是媽媽、方姊、看護，三個女人住一起。

她記得二十多年前，第一位看護來自菲律賓。看護來到雇主家之前，一開始她們找了仲介，但仲介只給她們照片挑。方姊說自己挑人的考量是對方的家庭背景，她選中年人，因為覺得中年人穩重、年輕人愛玩。第一位看護來了三年後就回鄉，問她一共請了幾位看護，她說太多了啊，數不出來。

身為經驗豐富的雇主，方姊歸納看護普遍不喜歡「人還好好」的老人家，因為會一直命令人；比較喜歡「躺著不能動」的老人家，因為可以滑手機，工作清閒。

「不過躺著不能動的老人家，脾氣有時很差。」方姊說有的老太太很難搞，過去可能是有錢人家小姊、好人家出身，現在年紀大了，什麼都不能做，就經常對別人生氣，但其實她們是在氣自己。

雖然方姊的媽媽還能走動，但她說媽媽是個宅女。看護曾經問，為什麼阿婆不出門呢?出門一下嘛，她默默發現，看護因為沒辦法像其他同鄉一樣去公園，有點失落。但她也在看護們的身上觀察到，許多看護的標準配備就是一支藍牙耳機，「她們很可憐啊，沒有朋友。」

方姊媽媽常抱怨看護，覺得她處處做不好，掃地不認真。不過媽媽在看護面前不敢說，每每她下班回家，媽媽才跟她抱怨白天看護的不是。看護在旁邊聽見。為什麼媽媽有很多抱怨？方姊說媽媽那一代是苦過來的，從小做很多事，打理整個家。「連我自己做，媽媽都會對我不滿了，更何況是她們。」

而看護這個角色，本身需要處理的人際關係，對著阿婆、對著雇主方姊是不一樣的，有的時候在阿婆面前跟方姊講話，不能講真心話。有時是保護自己，有時保護阿婆。方姊問看護，「阿婆說妳怎麼樣喔？」她始終回答說，「沒有啊。」

方姊在電話裡說，她的朋友間會互相流傳壞看護的流言蜚語。可是她也說，看護的 Line 裡面，朋友也會互相八卦說雇主的不是。

「我對她像家人一樣好。」方姊會這樣跟我說。她說，整個社會就很需要這種人，雖然自家媽媽行動自如，可是怕出意外，也需要有人半夜看著媽媽上廁所，廁所是老人家最常跌倒的地方，她們還是需要找一個人陪著。

「但也是要提防她。」

方姊說請一位看護的缺點，就是看護住家中，不是很方便。她不敢把家裡留給看護一個人。出去玩、出門吃飯都會帶著看護，不願她一個人在家，畢竟是外人，怕偷錢。

「我們家也有比較不好的地方。」方姊說她們家不吃牛、不吃雞肉，媽媽從前就是家庭主婦，燒得一桌好菜，全是好吃的豬肉。看護是穆斯林，「沒有肉吃很可憐欸。」方姊強調這句話很多次。她說這是她家比較不好意思的地方。

方姊說燒得一桌好菜的媽媽，小時候可憐。媽媽是苗栗客家人，嫁給住在花蓮的外省人爸爸。公務員在早期年代沒賺什麼錢，薪水比工人少。媽媽跟爸爸以前住在花蓮的山上，爸爸白天去鐵路局上班，媽媽在家裡兼點副業，在家辦「伙食團」，在家裡供應鐵路局的員工吃午餐。方姊回憶媽媽煮飯厲害，經常是人家到家裡，媽媽就算準時間熱騰騰上菜。方姊對媽媽的印象從小就是一直煮飯。

因為爸爸從中國來，從小她們家就沒有親戚朋友。媽媽在家一個人統領五個孩子，對媽媽來說，小孩就是生活重心。不過在花蓮時，媽媽還會跟鄰居講點話，後來爸爸生病，他們搬來臺北後，媽媽就沒有朋友了。方姊說媽媽宅女啊，沒什麼朋友，九十多歲這個年紀啊，朋友也一個個死掉，其實媽媽有時也會害怕、孤單。

當孩子漸漸長大，「許多老人家會覺得自己沒有用，因為被需要的感覺沒有了。」

方姊說她觀察到許多老人家都是這樣，當生活失去「小孩」這個重心，老人家覺得自己不再被需要了，也覺得自己沒用。方姊忽然想到，因為媽媽待在家太久，有一天，客家人性格節儉的媽媽突然對她說：

「我有一種感覺啊，如果現在我面前，忽然出現一個金塊，我也不會想要撿起來。因為我也不想出門，也就沒辦法買東西，我撿了幹嘛呢？」方姊對媽媽曾經講過的這段話感觸很深。她自己在電話裡的聲音，也慢了下來。

方姊說媽媽越老，就越沒有自信。「所以我就跟看護說，妳就是聽阿婆的話。」聽阿婆的話是方姊家對看護的唯一準則。不管阿婆說怎麼樣，聽她說、服從她。

但有兩、三年，方姊說她家有一位印尼看護很愛講話、中文不錯，會跟母親聊天。母親聊了就會跟方姊分享。聊什麼呢？方姊說看護聊她在Line裡面朋友講什麼，媽媽就覺得眼睛一亮，新鮮內！方姊對媽媽說，不要聽她亂講。我問，所以是講什麼？方姊說，「就她說朋友裡面都去賺錢，賣春啊，看護會跟阿婆說那些八卦。阿婆問她，妳也想嗎？看護說，我不要啊。」方姊說，原來不只雇主會互相講八卦，看護也會講自己圈子的八卦。

「哎呦，其實我在想跟妳的訪談要講什麼的時候，就想到有件事是我很想跟妳分享的：不論是雇主還是外傭，只要是人啊，做得好的很少稱讚，但做不好的就很容易放大觀看。像我聽到的那些外傭的傳言，還有外傭 Line 裡面謠傳壞雇主的不是。人都是這樣，一直強調毛病。」

後來方姊不知道聊到哪裡，她對我說了媽媽不喜歡去公園的真正原因：

一來是，公園裡的老人很愛講話，每次去都會帶很多吃的東西，她會煩惱不知道自己要帶什麼。

第二個原因，是媽媽說他們（公園老人）聊天都在罵人，罵媳婦，媽媽就覺得「幹嘛聽人家罵人啊，我媳婦……很好啊。」

恬真：一位雇主的女兒

恬真當時正在探索自己，發現自己是雙性戀。她問娜娜，「我可以喜歡女生嗎？」

「我覺得不行。」娜娜說。

「我覺得可以。」恬真對她說。

印尼穆斯林看護娜娜很驚訝，但是想了一下，「哦，好吧。」

她們彼此約定，絕對不可以跟恬真的爸媽說這個祕密。

在恬真的家庭中，如果說女兒與爸爸是對立的，雇主爸爸跟移工娜娜在關係上也是對立的，那女兒恬真看待看護娜娜，就會亦友，亦有一種爸爸聘了她來家裡說不上來的感覺。我問恬真，那種感覺是什麼？

恬真是我的大學學妹，十九歲那年她出了車禍，雙腳無法行走。那半年她回到臺南麻豆的家休養，家裡照顧阿公、阿嬤的看護娜娜，瞬間跟她熟絡了起來。因為恬真無法自己洗澡，那是她第一次坦露身體在一個異國女人面前，娜娜幫她擦澡，她們兩人年紀幾乎同年，彼此聊了許多「女生的事情」。

娜娜第一次來家裡，是在恬真國二的時候。當時阿嬤的腳骨折，發現有癌症，他們家請了第一位看護來照顧阿嬤跟阿公。那時開始，恬真、爸爸、媽媽、阿公、阿嬤和娜娜同住。這是他們家第一次請看護，是娜娜在臺灣照顧的第二個家庭。

恬真全家人都在賣保險，在聘請娜娜來家裡之前，媽媽曾經跟客戶在電話裡打聽請看護的眉角。客戶跟媽媽講，哪一國的外勞好、要小心偷東西。娜娜來之前，媽媽就換了整棟房子的門鎖，主臥室也在媽媽出門後就上鎖。有一段時間恬真不習慣，有次去媽媽房間要上廁所，「我尿都要噴出來了，卻找不到鑰匙。」

娜娜來到家中，每個家庭成員微妙地扮演不同的角色。

爸爸是男生，在娜娜來的時候，他一開始在家裡變得不敢直接脫衣服，他總是尷尬一下，停頓，才跑到廁所換裝。在家裡，雖然有了一位照顧老人家的看護，但爸爸主要負責阿公、阿嬤的溝通，媽媽負責跟娜娜的溝通，家裡有一種微妙分工。

媽媽看娜娜跟她的小孩幾乎一樣大，會跟她講很多話。娜娜剛來的時候還不太會講中文，媽媽跟她講話，她才逐漸進步。媽媽也會直接跟娜娜下指令。娜娜每天跟她家裡的人打電話，如果發生什麼事，娜娜心情不好，恬真說自己的媽媽看得出來。媽媽就會叫娜娜到書房，跟她說，有什麼困難一定要跟太太和先生講。

恬真阿公是跟著國民黨來臺灣的軍人，來自江西，三十年來每天早餐都吃一個山東饅頭，配楊紫瓊代言的安怡奶粉。她說阿公是個善良正直的人，但他不想展現軟弱的一面，所以愛面子。娜娜和阿公，一開始會有一些因中文不順產生的誤解，阿公有時也覺得他不需要被別人照顧，阿公就會對她生氣，娜娜躲起來哭。媽媽就會去找她談談，爸爸則是找阿公協調。

至於阿嬤，恬真說阿嬤就是一個好人，把娜娜當成小孩。「阿嬤最後有點老人癡呆，歡歡。」在家中，媽媽會念阿嬤要運動，阿嬤會去找爸爸告狀，最後就變成夫妻問題。媽媽就不念了。最後是變成娜娜需要念阿嬤去運動。恬真說每次在客廳，都是由娜娜起頭念阿嬤，阿嬤說不要，爸爸聽到，就換他拖阿嬤去運動。阿嬤最後也有點妥協，因為知道不管怎麼抗拒，最後還是需要去運動。

恬真說阿嬤就是一個很無害的人。在客廳的時候，阿嬤對恬真，會無聊、看她可愛「偷摸一下」，恬真有時跟阿嬤說不要摸啦，阿嬤就會得逞的竊笑。阿嬤會偷摸恬真，也會偷摸娜娜。

一個外人面對這些家庭成員，娜娜在家中學會「多做事」是換取信任的平衡。恬真回憶剛開始娜娜來到她家，媽媽囑咐她與哥哥，訓她們說請看護才不是來讓你們當少爺被服侍的。她家沒有要求娜娜掃地。但當媽媽對娜娜說，若有空房間可以幫忙掃一下，娜娜就把整個房子都打掃完畢。家人們不知不覺越來越依賴她，也逐漸放寬心讓娜娜進入他們原本上鎖的房間。娜娜做不屬於自己的工作，有像是某種幽微的，換得信任的感覺。

娜娜沒有休假。她曾經在一年的開齋節，想說服雇主讓她跟朋友到臺北過夜一天。不過當娜娜跟媽媽開口，馬上被拒絕。當時恬真家人們覺得，移工來臺灣雇主要確認她的安全，和當時阿嬤病情不好，媽媽覺得，若娜娜在外過夜無法填補。娜娜有點失望，也有點生氣。恬真家每年給她紅包。

其實很多時候，在我過去訪談過的雇主中，我發現紅包是一種交換。雇主其實也都心知肚明，知道自己不給看護休假、自己不信任對方。而給紅包，許多時候也成為雇主對看護說不出來的愧疚補償。

即使感情好，恬真說爸爸媽媽總是提到，娜娜就像他們的女兒一樣。但恬真有時還是想起一個令她不舒服的場景。有天媽媽開車載她去買東西，在車上平時體貼娜娜的媽媽，因為跟娜娜吵起來，忽然說了一句話指娜娜：「那個語言不通的真是很番癲。」

「我們不可能是家人。」恬真內心有很多矛盾。

恬真眼中，娜娜每晚與印尼的家人通話，娜娜的媽媽給了她很大的支持，但也同時提出許多要求。恬真一直不敢置信，娜娜在臺灣六年、一個月領兩萬二臺幣薪水，她一共幫家裡蓋了一棟房子、開了一間雜貨店、幫弟弟娶老婆。恬真說娜娜不怎麼敢花錢，幾乎全寄給家人。恬真看到娜娜這樣會覺得生氣，希望她多把錢留給自己。

在恬真車禍回家休養的那半年，因為很無聊，她沒事就跟娜娜聊天。她也才逐漸了解娜娜的心靈世界，「她才那麼小」是恬真聊娜娜時經常提起的語言，她說娜娜的缺點就是壓抑，其實娜娜心中，有一個少女夢想世界。

那些時光中，娜娜協助行動不便的她擦澡、看著她用尿壺小便以防跌倒。恬真當時喜歡與娜娜分享「女生的事」，她對娜娜抱怨用尿盆尿尿好麻煩，真想把陰毛剪掉。「可以剪掉啊，我就有剪掉，只是會刺刺的。」娜娜對她說。

後來恬真真的剪掉了陰毛，「我發現，真的會刺刺的，哈哈。」

她們一起大方地聊原本私密的身體，恬真那時在探索自己性向的初期，發現自己喜歡女生，她請娜娜保守祕密。爸爸禁止恬真吃泡麵，但她發現娜娜吃的印尼Indomie（營多泡麵）實在太香，她們養成一種默契，趁爸爸不在時，娜娜為她煮泡麵，香香辣辣地吃一碗。

恬真說，她仍然很記得，雖然娜娜沒有太照顧自己，不過很勾意。恬真國中時，娜娜剛來到她家不久。當時恬真剛和初戀男友分手，一直哭。當時娜娜對她還不甚了解，但一雙漂亮的雙眼皮眼睛滿是真誠。

娜娜對她說：「可是妳很漂亮，為什麼會失戀？」

不過也在恬真受傷回家的那一年，阿公過世了。恬真的阿嬤也在隔年離世。娜娜回家，她們再也沒看過她。

達莉：三任雇主家的臺灣阿嬤觀察

Tari（達莉）是一位語言能力驚人的看護，臺語比中文好。她說後來轉換雇主到桃園的時候，在菜市場遇到賣菜的，或其他歐巴桑跟她聊天，對方總是跟她說「哦妳說的這個是南部腔喔！」

我是在達莉回印尼後才認識她的，二〇一九年，我跟著朋友們一起到印尼做田野調查。我們要回臺灣跟她道別前，我畫了一張她的人像插畫送她；她聽說我喜歡吃 Kerupuk 餅乾（印尼蝦餅），請先生騎機車去遠遠的地方買了兩串蝦餅給我。回臺灣後，某天，我找她聊聊過去她在臺灣遇上的雇主阿嬤們。

視訊中，達莉給我看她家。她家很寬敞，媽媽正坐在地板上看電視。客廳弄了一個小雜貨店，視訊畫面中的天花板很華麗，甚至有些浮誇。她走進房間跟我通話視訊，房間的牆壁刷了粉紅色油漆。在達莉尚未到海外工作之前，這個家不是這樣子的。二〇〇八年，達莉十八歲，那時哥哥忽然過世，她說家裡住的房子竹屋頂都「漚」（àu，爛掉、腐朽）去了，達莉決定她要到國外工作。一開始去臺灣之前，她聽說臺灣老闆都很壞。

達莉在臺灣，一共待過三任雇主家，她都照顧阿嬤。這是她的臺灣阿嬤觀察。

第一個老闆家在彰化田尾，工作是照顧有高血壓的阿嬤，跟在阿嬤後面以防她暈倒。不過，一開始阿嬤不給跟。達莉後來慢慢發現，就如同許多第一次請看護的老人家，阿嬤只是不覺得自己是老人、需要被照顧，阿嬤第一次面對一個新的人跟在身邊，不怎麼習慣。後來達莉學會跟阿嬤保持距離，阿嬤出門時，達莉就默默跟在幾公尺後面，而不是直接跟在右邊左邊。阿嬤知道她在後面嗎？「她知道，這樣對我們都好。」

為了適應一個新的家庭，達莉來到彰化田尾後努力學臺語。在阿嬤家，達莉每天跟阿嬤一起看民視八點檔、三立臺灣台的《戲說臺灣》，不到一年，「我也不知道，雄雄（hiông-hiông，突然）有一天，我就會說臺語了。」

達莉臺語頓悟初期，許多家庭生活的細節，她選擇當作沒聽到。後來老闆和阿嬤才漸漸發現她的語言能力驚人，每當有客人拜訪，或跟阿嬤一起碰到人，老闆或阿嬤就會說，「你不能說她壞話喔，她聽得懂。」

達莉學會臺語後跟阿嬤感情不錯，可以牽阿嬤散步。不過達莉在這個家還是沒有很得人疼，她想了一想，說應該是那時還沒學會讚美的緣故。

「老闆做人很好。可是，我不喜歡吃豬肉。」在這個老闆家，達莉對拜拜和吃飯不習慣。她經常說老闆很好，可是在那個家她不能做禮拜和齋戒。老闆也曾經給她吃香腸，說這裡是臺灣，妳回印尼不吃就好了。於是，達莉默默找了仲介，三年後，換到第二個老闆家。

達莉第二個老闆在桃園市區，她照顧一個恬恬（tiām-tiām，安靜）的阿嬤。不過在這裡「我很辛苦，很多時候會哭」。達莉的老闆一家是有錢人，住在一百坪的豪宅中，大房子裡住了十幾個人。家裡有洗衣機，老闆命她手洗十幾個人的衣服。老闆的女朋友對她較好，叫她就偷偷用洗衣機，結果被老闆發現後大罵一頓。達莉在家中忙進忙出，煮十幾個人的伙食，但家人有時故意把飯都吃完，她沒有飯吃，要自己出門買。達莉說自己像八點檔裡嫁入豪門的土媳婦，被家裡人輪流欺負。

待在那四年，「我瘦了七公斤。」達莉再轉換雇主。

達莉到了第三個老闆家，這個家也在桃園，是一個山邊的小房子。雖然交通不方便，她沒什麼印尼朋友，但達莉臺語很好，鄰居的臺灣歐巴桑是她的好姊妹。不會孤單。

不過來到第三個雇主家，達莉看護當得漸漸上手了，她學會她當看護的獨門技能：讚美。在轉到第三任雇主家的第一天，達莉一看到阿嬤，就摸了阿嬤的皮膚，對她說「哦，阿嬤妳哪會遐爾（hiah-nī，那麼）水，皮膚白拋拋幼綿綿。」阿嬤非常滿意。問她「白拋拋幼綿綿」哪裡學來的？原來是第二任雇主阿嬤常去公園，公園歐巴桑喜歡摸阿嬤皮膚讚美，阿嬤會高興；還有當時她在豪宅裡常看見白冰冰的廣告，「白抛抛幼綿綿」是廣告詞。

達莉在「讚美」她照顧的第三位阿嬤後得人疼。她說這位阿嬤真好，因為她臺語會通，她們什麼都聊。達莉有時帶阿嬤去山上散步，唱歌給她聽。

她在山中唱蕭煌奇〈阿嬤的話〉、陳奕迅的〈十年〉、張惠妹〈好膽你就來〉，還有江蕙的〈愛不對人〉。

達莉是穆斯林，不吃豬肉。阿嬤說沒關係，吃雞肉也行。每星期，阿嬤會跟山上朋友買四隻山雞。她們每天吃麻油雞、四物雞、香菇雞、鳳梨苦瓜雞。阿嬤每天吃五餐：早餐、點心、午餐、下午茶，阿嬤半眠仔會起床，想吃麵線當宵夜。達莉就煮給她吃。

達莉用臺語形容胖十公斤的阿嬤臉「圓圓圓、肥肥肥」，阿嬤的女兒好開心。

平日晚間，阿嬤喜歡帶達莉去社區老人活動中心，跟歐巴桑一起跳舞。阿嬤喜歡去老人活動中心，因為出來開心。阿嬤也喜歡跟達莉一起跳舞，阿嬤曾經因為鄰長伯母覺得外國人不能跳舞，跟人家吵架。「我覺得很好笑。」

初期阿嬤跟她一起跳。阿嬤癌症，兩年後只剩下她在跳，阿嬤在旁邊看她跳。我問達莉，阿嬤是個怎麼樣的人？她說阿嬤真好、做人真慷慨。我再問，阿嬤有沒有什麼會擔心、或想到會怕的事情？達莉說，阿嬤那時知道自己生了很嚴重的病，接下來會死掉，可是阿嬤不會怕。

阿嬤怕沒有人陪。

不過，阿嬤也很快就走了。現在達莉已經回印尼。她說現在的她還是喜歡吃鳳梨苦瓜雞，因為吃起來「苦甜苦甜」。

身障者與移工

在臺北，我多半接觸到的是照顧長輩的看護。老人家與看護之間相處的時刻，可能映照出彼此在生命裡的脆弱或過去的傷。不過除了老人家之外，還有照顧身障者的看護。

在認識一對身障者與印尼看護「小傑和阿娣」後，我開始想，外在看起來不諳言語或身體擁有障礙的身障者，與不太會說中文或不熟悉新環境的外籍移工，當兩個人可能都在某些時刻覺得自己笨拙，是如何在相處過程中跟對方說出心裡的話？關照到彼此的需求？

我也在想，當我們自卑、覺得自己不像其他人做的一樣好時，我們真的不夠好嗎？這樣的我們，怎麼跟我們在意的人互動？

小傑是學妹恬真在幾年前介紹我認識的朋友，恬真曾經因為車禍，需要用拐杖行走，她在麻豆的家休養半年後回臺北上學，因此在學校的無障礙資源中心認識小傑。小傑一九九七年生，有一位照顧他十三年的看護阿娣，阿娣一九六九年生，在小傑國中時就來照顧小傑。

小傑患有腦性麻痺，坐電動輪椅。因為腦性麻痺讓身體有很大的張力、肌肉扭曲僵硬，他講話吃力。他的聲音聽起來模糊，外人要專心聽。小傑傳訊息時，話也很省。因為對他來說，說話很累。

兩人相處中，最困難的部分是語言的理解。阿娣剛來小傑家時不諳中文，我問阿娣怎麼學中文？她說沒有學，用聽的。她聽小傑、他媽媽說話。她一開始每晚也看韓劇學中文，因為韓劇的中文配音講話比較慢，臺灣人在家裡講話比較快。這樣聽了一年後，阿娣學會說中文了。

有時候，語言也成為他們相處的有趣元素。小傑說，阿娣會的詞彙有限，說話要用簡單的單字才能溝通。「有時候要留意，她講的話是不是有另外的意思。」

有時阿娣很努力的用中文向小傑表述一件事，當她說的話小傑聽不懂，小傑會生氣，這時阿娣就會說「我中文不好啊。」或是有時小傑跟阿娣講話，阿娣不理解，她會跟他說「你決定就好。」

一套相處模式

小傑是個思路理性的人。他說，不管是跟哪一位看護相處，一定都會有套過程。剛開始不習慣彼此，需要花一點時間，先建立最簡單的互動模式，讓看護知道什麼時候他需要幫忙、需要幫什麼忙。先彼此建立好互動模式後，才能進入下個階段，跟自己的看護發展、建立人際關係。

小傑說，他覺得照顧老人家的看護著重照顧生活起居，老人家的行動範圍比較侷限，可能就是自己家。但照顧身障者的看護，除了照顧他的生活起居之外，是一個陪伴者，要陪他去上學、復健、當他的手臂。感覺兩人有點像融合一體。

但不是完全融合一體。在第一次跟小傑、阿娣行走去咖啡店的時候，我在馬路對面看著他們走路。我看見小傑的電動輪椅先行，阿娣自在地走在後面。「我們只要知道目的地是一樣的，就可以。」他們融合一體的關係中，彼此保留空間。

我問小傑，身為身障者，他在成長過程中有沒有什麼事讓他不喜歡，但也沒有辦法？小傑說最大的問題是歧視。歧視是他不管走到哪，都會遇到的問題。他在國中時，最常遇到被同學模仿他講話、學他的動作。這個是比較顯性的歧視。他說還有一種狀況也是歧視，當他走在路上，經常遇到其他人跟他傳教什麼的，他們聽說小傑在讀大學後，就會說你在讀書喔，好棒。這是比較沒那麼明顯的歧視。

阿娣聽到同學在學小傑講話的時候，阿娣會罵這些同學。

小傑說，阿娣也遇到很多外界的不友善。某次她去醫院的時候，小傑發現醫院裡的人面對阿娣，不會像面對普通臺灣家屬一樣有耐心、願意親切的敘述。有一次阿娣也在臺灣的女兒因為闌尾炎開刀，護士要請阿娣簽手術同意書。阿娣問護士這是什麼，護士只跟她說簽就對了。兩年前阿娣得了糖尿病，去看醫生，醫生對她的病情也沒有解說得很仔細，小傑看在眼裡。

阿娣也說，小傑不太喜歡搭公車。公車司機有好的、有不好的，如果遇到不好的公車司機，他們要下車推輪椅走道的時候司機會生氣。每次搭公車，司機對他們生氣或不耐煩的時候，阿娣說：「小傑會恬恬（tiām-tiām）不說話。」

小傑說自己的國中時期滿黑暗的，但他也可以理解，因為那時候大家都不是那麼成熟。他反而覺得，是因為這些經歷，讓自己比較能同理其他人的感受，比較不會隨便評論別人。

那小傑國中時也有不成熟的一面嗎？他說有，其實國中時他和阿娣天天吵架，吵到同學覺得他很煩。以前兩人吵的是瑣碎的事。「國中時我比較不會說對不起。」國中兩人常吵架，小傑說他們是大學後人際關係才變得比較好。我問，是有什麼契機嗎？

「就是我已經長大了。」小傑和阿娣大笑。

阿娣與小傑的家

小傑說，他的家庭比較特殊，家庭成員有：退休的爸爸、還在上班的媽媽、一個哥哥、一位同父異母韓國混血的弟弟，還有一隻會叫大家起床的狗狗。

阿娣說，她來小傑家其實不太習慣，她問了一下小傑她可不可以說家裡的事，小傑回可以，阿娣才婉轉地說，她剛來小傑家，老闆還沒有相信她。她剛來的時候，小傑媽媽一直說不要那個、要那個、要這樣抱，阿娣很緊張。

阿娣說自己留下來照顧小傑這麼久，其實有兩個原因：一是媽媽愛生氣，但沒關係，因為媽媽常常不在家；二是她發現爸爸偏愛弟弟，有時候只理弟弟，這讓阿娣很難過，她不解「為什麼你的小孩你不理他？」她捨不得離開小傑。

阿娣說，小傑的爸爸媽媽賺很多錢，國中時小傑不喜歡吃營養午餐，但他們不給小傑零用錢買便當，阿娣拿了自己的午餐錢幫小傑買便當。阿娣印象深刻有一次是小傑高中時，高中讀書很辛苦，爸爸曾經為了鼓勵他，說他考試考好就給他買麥當勞。但有一次小傑真的考好了，拿成績給爸爸看，爸爸只說是喔，已經忘了之前買麥當勞的約定。小傑的爸爸很重視弟弟，但有時會忘記跟小傑的約定。

「我很難過。」阿娣說。

不過，在訪談時我也聽出一件事。其實小傑的爸爸不是阿娣說的那種完全不好的爸爸。我覺得聽起來阿娣之所以在意，是因為她很在意小傑。國中時，小傑有一些同學比較幼稚，還不成熟，會不喜歡他。小傑的爸爸要阿娣保護他，爸爸跟阿娣說，如果同學打他，妳可以打回去，後果他負責。說到代替小傑打人，阿娣說哥哥小時候也會打小傑，阿娣就打回去，阿娣笑著說，「不是我打的，是王小傑。」她當他的身體和手臂。

我觀察到，訪問的時候若講到家裡，阿娣會頻頻轉頭跟小傑確認「這個可以講嗎？」小傑同意，再繼續說話。小傑在旁邊聽阿娣說話的時候，等到她講完，小傑也會說「我總結一下」協助阿娣清楚描述他們生活的細節。

阿娣坦白，其實她多半時間都跟小傑相處，跟小傑爸媽的關係，不會像跟小傑一樣，這麼親密。阿娣也說，其實小傑不喜歡一個人跟家人待在一起。

二〇〇九年阿娣剛來小傑家，她說剛來時非常忙，因為小傑的阿嬤一週會來家裡兩天，阿嬤會帶著她的印尼看護「菲傭」一起來。阿娣也是印尼看護，但她也跟著叫小傑阿嬤的印尼看護「菲傭」。她說「菲傭是印尼人」。阿娣說只要小傑阿嬤一來，阿娣就要為阿嬤、菲傭煮兩餐，她當時會跟小傑說她好累。

還有另一件有趣的事。我問他們，家裡的狗狗多大了？小傑說「狗狗跟阿娣一起長大，阿娣來家裡十三年，狗狗今年十三歲。」不過阿娣是穆斯林，穆斯林不是普遍怕狗嗎？阿娣說對，她一開始來小傑家，做禮拜時會被狗狗干擾。對穆斯林來說，狗不行踏進自己禮拜的潔淨空間。阿娣現在都在小傑的房間內做禮拜，雖然狗狗偶爾會來干擾她拜拜，但她說沒關係啦，阿拉知道。

訪談時，我們叫麥當勞外送。那時正是二〇二一年底疫情三級警戒剛解禁，小傑開心地說：「這是我第二次叫外送欸。」阿娣幫小傑剝漢堡，小口小口餵他吃。

吃完後阿娣從小傑背包拿出一罐有糖的純喫茶，小傑說他一天一罐純喫茶，從來沒有例外，「純喫茶應該來找我代言。」

學妹恬真在一旁看著他喝純喫茶，問他你怎麼還這麼瘦？小傑說，因為他有腦性麻痺，身體有高度張力。他的熱量消耗很大，就算睡著了，還是會有張力，無時無刻在消耗熱量。

「你剛剛說睡覺也可以消耗熱量，那為什麼我睡覺沒有消耗熱量？」我們問。

「因為妳沒有張力。」

「你其他腦性麻痺的朋友，也跟你一樣會消耗很多熱量嗎？」

「其實腦性麻痺也有很胖的。」他呵呵呵。

看護與身障小孩

在阿娣照顧小傑的十三年中，阿娣的女兒也曾經來臺灣當看護。跟阿娣一樣，她女兒照顧的也是一位身障小孩。她女兒照顧的弟弟也有腦性麻痺，但他沒有判斷能力。弟弟沒有記憶和語言能力，最多只能說爸爸媽媽這樣簡單的字。如果走路，會自己去撞牆，因為他不知道那個是牆。弟弟的爸爸年紀已經七十多歲，患有癌症，他一直擔心自己沒辦法再繼續照顧弟弟。

二〇一九年阿娣女兒要回印尼的時候，弟弟的爸爸委託阿娣女兒，他請阿娣女兒將弟弟帶回印尼一起生活，因為他無法再照顧弟弟。阿娣說，弟弟的爸爸很愛他兒子，他與阿娣談委託的事情，見面時爸爸一直哭。而也在我們訪談的前一個月，二〇二一年底，弟弟的爸爸過世。他們說，過世時前兩天，爸爸還有和弟弟視訊。

阿娣喜歡直播，阿娣的女兒也經常直播。她們透過直播讓彼此知道各自的生活。在晚間的通話或直播中，看得見那位弟弟的身影。因為需要貼身照顧弟弟，阿娣女兒現在在印尼開了一間雜貨店。阿娣住在臺北，每天早上會去菜市場尋找歐巴桑們的便宜衣服，一件五十或一百，她覺得材質或版型不錯，就會囤起來寄回印尼，讓女兒在家裡的雜貨店賣。

小傑也去過阿娣印尼的家。阿娣過去每三年可以回印尼一次的時候，小傑的爸爸請她一起帶小傑去印尼。小傑一共去過印尼阿娣的家三次，每次待上兩個月。小傑會講一點點印尼話。他說在印尼，那個環境就只有那個語言，不想學起來也很難。阿娣不會特別去教他，他也跟阿娣一樣，用「聽的」來學。阿娣現在跟家人用印尼文講電話，他全部都聽得懂，「我聽力還不錯。」

但是因為能聽懂，有時阿娣跟女兒講電話時小傑會不高興。因為阿娣在臺灣已經太久，女兒很想要她回家，阿娣女兒在電話中罵小傑的時候，小傑聽得懂。

小傑去印尼時，去了雅加達、萬隆。小傑說那時都是阿娣開車，他坐副駕駛座，「從那個時候，我就知道，不可以給她開車。」

小傑會想跟阿娣去印尼生活嗎？這個問題他不是沒有想過。小傑大學畢業後有段時間想找工作，他說自己基本上還是臺灣出生，想先在臺灣找工作，如果找不到，也會考慮到印尼試試看。

在法定上，外籍看護最多可以在臺灣停留十四年。我也問阿娣，是不是有一些印尼看護是直接跟她照顧的身障者結婚，這樣就沒有年限的限制？她說對，她有位朋友就是這樣。阿娣也坦承說，如果她今天在印尼沒有老公、小孩、孫子，她可以跟小傑結婚，就留下來照顧他。

小傑的大學裡有個無障礙資源中心，他會去那裡跟其他身障者朋友們碰面。無障礙資源中心的同學們也都坐著輪椅，各自有一位照顧他們的外籍看護阿姨。雖然其他看護都是菲律賓人，阿娣沒有特別聊得來的朋友，但看護們會一起團購足夠大可以替輪椅、看護本人遮雨的雨傘。

小傑說，並不是每一位身障者都跟看護這麼親，還會跟著看護一起回印尼。「我真的是比較特殊。」小傑說他有位同學跟看護合不來。同學會把她丟在學校的無障礙資源中心，不理她，自己坐電動輪椅跑出去，回家前再回來。同學有一次在外面跑到輪椅沒電了，看護要跑去救他。也有一次，同學想跟朋友去夜唱，但不想要看護跟，同學的看護自己找地方等了他一個晚上，也不能先回家，因為爸爸媽媽會知道，天亮兩人再一起回去。那次看護生氣了，但也沒辦法。小傑說，同學會這樣，是因為他覺得他自己可以獨立完成一些事情，他覺得我不需要外傭照顧我。

「覺得自己可以一個人獨立完成。」我猜小傑大概也曾經這樣想。小傑說他不會這樣對阿娣，他說必要的時候，還是需要有人協助。他說看護和被照顧者，有的時候不是單向的幫助，而是一起合作。

阿娣想回家

阿娣在臺灣都沒有放假，她提到小傑以前的看護一個月休假一天，阿娣覺得這樣不好。她說自己不想休假的原因是，她不能放小傑一個人，因為她知道小傑不喜歡一個人跟爸爸媽媽待在同一個空間中。阿娣是小傑的安全感。

不過阿娣想回家。

這兩年，因為疫情，阿娣有六位家人過世，她都在臺灣，沒辦法回印尼奔喪。我見過和聽說過看護和身障者之間，經常有一個共同的課題，是彼此離不開。我問阿娣，她從什麼時候有捨不得離開的感覺？她說很早。她第一次看到小傑，就覺得這個小孩好小好小，肌肉沒有力氣。從小傑國中一年級開始她就照顧小傑，一開始滿三年時，阿娣想回印尼了。小傑的爸爸要她不要回家，爸爸跟她說「因為王小傑他不要給別人照顧，他喜歡妳。」最後阿娣和小傑的爸爸談判薪水，她繼續留下來。

我們吃完麥當勞後，有時阿娣在跟我講話，我發現小傑沒事做的時候，會用手指碰觸阿娣的腳，默默地碰觸，像偷偷摸她、牽她一樣。

小傑也知道阿娣想回家。

在聽他們說話的時候，我忽然覺得，我面前的身障者與看護，說話含糊，但含糊和清楚是相對的概念，身體擁有障礙、不諳言語也只是表面看來而已。不太會說話，不代表彼此溝通不清楚。

小傑講話聽起來含糊，要用力聽。阿娣只能用簡單單字溝通，她比較聽得懂。

阿娣後來說了一段話：

「我每天沒有睡著，叫我的阿拉讓他不要生病，我每天怕他生病。以後我回印尼，一定每天想你，因為我每天每天沒有離開（他），一定跟他在一起。（我會想他在）家裡要吃東西或什麼的，爸爸媽媽一定不理（他），隨便。現在想，我說王小傑，如果你有新的阿姨，等一下（我）在印尼，這個阿姨我叫她煮你喜歡的東西。因為如果菲傭不會煮東西，他很可憐，因為爸爸媽媽不理。」

只用簡單的單字說，卻如此清晰。

阿娣和小傑一起過馬路

部落裡的看護：臺東都蘭

二〇一九年夏天，我跟朋友一起到臺東的都蘭部落參加豐年祭。豐年祭中，都蘭阿美族每個年齡階級叫做Kaput[2]，Kaput有拉中橋、拉贛駿等等的命名。正當每個Kaput在跳舞的時候，我跟朋友站到看臺上，忽然發現旁邊是一群手拿飲料炸雞的印尼人，她們是一群在都蘭照顧阿公阿嬤的看護。

都蘭的印尼看護們經常聚在一起。部落裡的阿美族青年曾經說，她們是「拉印尼」。

2 Kaput是阿美族的年齡階級，每五年分為一個階級，階級的名稱會依據該時期發生的事件命名。例如「拉中橋」是因為中華大橋通車；拉贛駿，紀念第一位上太空的華人王贛駿；拉千禧，千禧年到來。

那次的豐年祭中，其中一位看護Mini（米妮）加了我們好友，邀我們去她家吃東西。我們到了米妮雇主家的時候，米妮的雇主小花正在為豐年祭忙進忙出，米妮與一大群都蘭的印尼看護正自在地坐在路旁聊天。全都蘭的看護，大概都在這裡了。

之後，我覺得看護們看豐年祭、在部落裡跟人們互動的景象非常有趣，便默默在心裡想著，哪天若可以再回到都蘭，好想知道部落裡看護們的日常生活長什麼樣子。部落裡的移工，大家的日常，跟城市裡的看護有什麼不同？

於是二〇二一年底，我又到了都蘭，尋找當初的這群朋友。

當我再次到都蘭時，發現米妮之前在小花家照顧的Ina（媽媽）已在二〇二〇年耶誕節左右過世了。米妮也轉換雇主到臺東卑南的另一戶人家。不過，小花是個特別的雇主，她至今仍與米妮保持來往，甚至也曾去過米妮新的雇主家默默給她印尼餅乾與泡麵。

讓我訝異的是，一般雇主並不會特意理會「看護的朋友」。二〇二一年，我去了米妮新的雇主家找她，也以「米妮的朋友」去都蘭認識小花。我跟朋友帶了幾罐聽說小花喜歡的Bar啤酒去拜訪，在小花下班的夜晚，她買來東山鴨頭一起配酒，跟我們聊她與米妮的故事到凌晨一點。

米妮與小花：一個阿美族雇主家

我問小花，為什麼對看護、看護的朋友那麼好？小花說她過去到臺北的經歷跟米妮很像。小花是都蘭的阿美族人，已故的爸爸是村莊裡人人敬重的老師。現在小花住在都蘭，她在十九歲時曾經到臺北工作一年，當補習班客服，「那時候人人都想去臺北啊。」在臺北的日子，小花喜歡晚上下班後去舞廳跳舞，跳到凌晨，隔天再睡到中午等待上班。在臺北時，小花假日跟同鄉朋友聚會，她印象深刻那時大家都沒有什麼錢，那時候的自己也覺得在城市裡沒有進步。當時就像移工們在城市聚會的場景，「沒有錢買酒，喝水也很好，聚在一起就好。」

小花那年在臺北浮浮沉沉，直到一天，爸爸中風了。當她回到都蘭的時候，有一天看見爸爸在馬路對面，因為動作慢被公車司機趕下車。那讓小花決定回來都蘭，她要回家自己照顧爸媽。

「有一位看護，讓我沒有後顧之憂。」青年回家，那時小花還是有自己想做的事，請一位看護照顧爸媽，讓她可以在工作之餘從事自己喜歡的跳舞。她在都蘭組了教小朋友跳舞的舞團，白天上班，晚上小花老師就可以去教跳舞。

「米妮是一個智慧的女人。」在阿美族的都蘭村落中人們語言習慣不一樣，有時外地人不太適應。米妮照顧小花的媽媽六年，小花說她漸漸學會了部落裡的說話方式，也在男性的場域中學會保護自己。有的時候小花家會有一些男性朋友、鄰居來喝酒，朋友曾經虧米妮說：「在臺灣會不會想老公，想的話，要不要我們輪流陪妳睡？」米妮高興地回答：「好啊，但你們要睡阿嬤旁邊喔！」；而米妮被調侃說：「老婆，我抱妳好不好？」，她會聰明的回答：「好啊，噢你喝酒，老公你好臭。」；或是被說「米妮我十一點來找妳睡覺」時，米妮則是說：「好啊，要從後門喔。」

米妮在小花家裡，經常為小花舞團的學生們煮東西，小妹妹們也漸漸跟米妮培養起情誼。有一次小花帶學生去臺北表演，經過星期日的臺北車站大廳。印尼人有一些典型的相貌或臉型，小花和學生看到一位看護跟米妮長得很像，興奮的偷拍那位看護，默默靠過去她旁邊想跟米妮視訊，「想跟她說，米妮我們看到一個人跟妳長得好像喔。」小花一邊說一邊咯咯笑。那時在北車大廳中有看護在地板上聚會，學生還跟小花說：「欸！那是米妮煮的東西耶！」她們也在大廳中看到有移工在玩抖音，學生跟小花說：「我們也會跳這首，不然我們也跳一下來回應她。」

米妮在都蘭的時候，每天中午都會推著小花的媽媽去越南小吃店跟其他Ina聚會。雖然總被家人叮嚀老人家不能喝酒，會傷身，但是米妮和小花的媽媽會偷偷帶一瓶米酒、一包檳榔去給聚會的Ina們吃。當一臺一臺輪椅圍在小吃店裡，Ina會默默拿出偷帶的米酒，「嘿，喝一下」眾Ina們竊竊自喜。有趣的是，因為Ina們已經年老了，牙齒咬不動愛吃的檳榔，米妮會把檳榔敲碎，給Ina吃。這是Ina們老年時的小確幸。

米妮雖然是不喝酒的穆斯林，但是會煮部落裡的「燒雞酒」。部落裡的燒酒雞不加水，要用一整箱米酒煮。如果今天吃的人年紀大一點，米酒會全部煮沸；如果吃的人年輕力壯，米酒需要留一點酒味。米妮剛來都蘭時，就跟小花學會了煮「燒雞酒」，小花說「那個燒酒雞，加了水會過敏」。米妮一開始覺得怎麼那麼奇怪，要用一整箱米酒煮雞，但她最後還是吃了雞肉。

小花是個特別的雇主，也讓米妮邀她住都蘭、興昌、臺東的朋友來小花家裡聚會，每到開齋節，都蘭的看護們都來小花家吃米妮煮的開齋餐。有一次米妮約好興昌的朋友要來家裡吃東西，小花的朋友問可不可以約個喝酒攤，小花拒絕朋友，並跟朋友說：「我的老闆娘在開會，家裡沒位置。」

後來媽媽過世了，在葬禮上，介紹家族的人是重要的事。小花特別向在場的賓客鄭重介紹米妮，說她是家族裡重要的人，在去世前妥貼照顧媽媽。「媽媽走了之後，米妮也離開，我已經十年沒有做家事了。」小花現在每天都睡在家中一樓，媽媽生前躺的病床上。夜晚客廳的電燈開著，「這樣媽媽要回來時，才找得到路。」而她偶爾也開車去臺東探望米妮。

都蘭的看護社群

米妮去臺東了，那我要怎麼找之前在都蘭認識的看護呢？拜訪完小花的一個月後，我再到都蘭進行田野訪談。在臺東市的計程車上，計程車司機跟我說臺東的計程車只有二十幾輛，假日的時候，他們經常載到六日放假的移工，常常是幾個印尼朋友一起跑來火車站，坐計程車去都蘭、太麻里玩。

再次到都蘭時，小花跟我說可以去找一位「男朋友很多的菲菲」，聽說她住在都蘭某條路尾端的一棟老平房。我跟朋友在都蘭巷子裡騎車的時候，忽然有一位印尼人騎著水藍色電動車「咻——」的過去，我們想說，那該不會就是傳說中的菲菲吧，便掉頭機車追上去。沿著小路騎，我們看見那臺水藍色電動車停駐在巷尾一間平房前面，房子在下都蘭的邊緣。

我們用印尼語打招呼，菲菲的嗓門很大的應聲「嘿——」，她想說怎麼會有兩個會講印尼語的臺灣人跟來她家，我們說是米妮的朋友。她邀請我們到她家坐一下。原來二〇一九年那次豐年祭的看臺上，菲菲也在那群看護之中，她記得我們。三年後第二次見面，菲菲跟我們聊起她剛跟交往五年的男友分手，男友是東港的漁工。她說最近一直傷心地哭，她用指尖指著脖子戴的一條項鍊，這是那位東港男友用鯊魚牙齒為她做的禮物。

菲菲來都蘭八年了，是目前在都蘭待最久的印尼看護。她印尼的家鄉在距離印尼大城 Surabaya（泗水）五小時車程的小鄉村 Jember（任抹）。二〇〇〇年時菲菲二十一歲，她第一次來臺灣，第一任雇主在高雄。在臺灣工作幾年後，菲菲帶著存款回家，買了一大塊田地跟先生一起種菸草，不過某年的大水讓菸草都泡壞了，家裡欠債破產，菲菲再來到臺灣工作。或許是想要逃脫那段失敗的陰影，菲菲說她覺得自己是從那時開始不乖，在臺灣交男友陪伴日常的孤單，叛逆是一種解脫。

菲菲說：「我想，交男朋友這件事是可以的，只是不要給他們心。」她說要過這種叛逆的生活只會在臺灣，回去的時候，家庭還是重要的，「我還是愛我的家人，這些事只會發生在臺灣。」

在都蘭住的幾天，有時我會走路去找菲菲。一天下午，菲菲家也有一位訪客阿滿來她家找她。兩人拉了兩個粉紅色塑膠椅，坐在菲菲雇主家門前的空地聊天，她們面前的桌子有兩罐瓶裝水，與一盤剛炸好的炸物。阿滿是在附近民宿工作的看護，時常有空時來菲菲雇主家坐一下。她們說附近的看護如果有空，也經常來「坐一下」。

這樣坐一下的過程，讓我想起我們家關廟的小鄉村，幾乎人人家裡都有一排疊起來的塑膠椅，有鄰居、客人來時，就會拿出來坐在騎樓泡茶，如果塑膠椅不夠，我們家還會去跟阿伯家借。在關廟，「坐一下」的基本配備是：塑膠椅、摺疊桌、泡茶用具與小點心；而看護們在都蘭，「坐一下」的基本配備也變成：塑膠椅、摺疊桌、瓶裝礦泉水、炸物或 Kerupuk 餅乾[3]。

3 Kerupuk 是一種印尼的傳統餅乾，在印尼，如果吃飯不配 Kerupuk 餅乾，那這頓飯就不完整。常見的 Kerupuk 餅乾有 Kerupuk Bawang（大蒜餅）、Kerupuk Ikan（魚餅）。這些在臺灣的東南亞雜貨店都買得到，許多移工也會自己製作。

我也拉了塑膠椅一起坐在菲菲雇主家前的空地，大家在這裡有時聊天，有時發呆。忽然有輛貨車開過來，菲菲大聲地對司機說「嗨，歐巴馬，回來了喔。」她們跟我說那是住在對面的鄰居阿姨，因為阿姨的頭髮剪得很像歐巴馬，所以大家都叫她歐巴馬。後來都蘭的朋友跟我說：「我們這裡什麼人都有，有歐巴馬、葉問。」我發現菲菲在都蘭就很像這裡的住民，鄰居經過時都會打招呼；她騎電動車在路上，也不停的跟經過的人揮手說嗨，「這裡跟我的故鄉任抹很像，都是鄉下。」

我好奇一開始看護來到都蘭都是隻身一人，大家怎麼找到彼此的？菲菲說有時是她走在路上，鄰居認識她之後，漸漸會跟她說：「嘿，那裡也有一個印尼的，你可以去認識一下。」而菲菲也跟我分享了三種她在這裡認識同鄉印尼人的方式：

(1)菲菲認識的第一位都蘭看護，是一位之前本來就認識的朋友。菲菲在朋友的臉書上看到她的貼文，問她在哪，朋友說她在都蘭。菲菲就馬上打電話給她說，我也在都蘭！她們一面通話，菲菲一面騎著她的電動車找路，就找到了對方。

(2)菲菲曾經在馬偕醫院認識一位朋友娜拉，後來知道娜拉來都蘭了，但聽說雇主家住在山裡。菲菲有天就騎著電動車，到山中尋找娜拉雇主的家，那次她從下午五點找到晚上七點，終於找到了她。娜拉照顧的阿公人很好，菲菲有時也會上山來找他們聊天。

（3）有一天菲菲走在路上，遇見小花家的看護米妮，米妮叫她一起來小花家吃飯。後來開齋節時，或是每年的豐年祭，菲菲都會去找米妮和都蘭的看護們一起聚會。

而在都蘭，除了比較開放的雇主家可以吃飯聊天之外，看護們有時也在一間都蘭國中旁邊的檳榔店聚會。在都蘭，因為檳榔是阿美族祭儀時重要的物品，就像閩南人的廟亭常有阿伯泡茶下棋，都蘭的檳榔店就變成了老人家聚會的場所。這間檳榔店同時也是早餐店，一早，就有許多老人家來吃早餐聊天。小花說，來這間檳榔店的Ina通常都是寡婦，因為Ina們在家裡只有一個人，部落還沒有文健站[4]的時候，就經常會在這裡聚會。有天早上，菲菲帶我一起去檳榔店。檳榔店裡有電視，來到檳榔店的Ina正在看外國頻道，菲菲說她們下午喜歡看日本摔角。菲菲跟檳榔店的老闆娘很熟，也在這裡學會很多阿美語，最常講的一句是「malasang kisu（你喝醉

4 文健站：全名「原住民族文化健康站」，是部落裡照顧長輩、提供長照服務、有跳舞或手作課程的活動中心。

了）。」

看護們除了在都蘭聚會，菲菲說也有一位都蘭人「張大哥」很照顧她們，經常會帶她們去富岡、新港、成功漁港玩。我跟朋友在都蘭的某一天，菲菲特別約了好幾位都蘭的印尼人們一起來她雇主家辦桌吃飯，也邀請了這位菲菲口中的張大哥。

那天，我跟朋友早上十點到菲菲家，菲菲從八點就開始烹煮食物，食物已經煮好，每個盤子上方都鋪著後院鄰居種的香蕉葉。朋友們陸陸續續來，有一位山上的朋友阿萬戴著N95口罩騎電動車來，也住在山裡的娜拉被朋友載過來，幾位朋友走路來，張大哥則是開著一輛藍色小貨車，大家一起來到菲菲雇主家前的空地。

自我介紹後，我跟朋友努力地記住大家的名字，看著大家開始聊天、吃飯。我發現大家會聊一些男朋友與十八禁的話題，「我男朋友一晚可以七次」、「不會累嗎」、「我上次要幫你買奶罩，但不知道要怎麼買，真是困擾」。娜拉說她來都蘭後變胖了，肚子大大的，好像很難交到男友。張大哥跟她說，下次要帶她去東港挑，菲菲則建議娜拉試試網路交友。娜拉說自己不喜歡看照片，喜歡一眼看本人就喜歡的。菲菲說：「嘿啊，網路上都有修圖，像我四十二歲，修起來網路上看起來十八歲。」

當大家一邊吃飯，一邊討論要去哪裡找男朋友的時候，我忽然對眼前這個畫面有一種感覺，這很像一個「看護聚落」在揣想著和「漁港漁工聚落」的男人聯誼。雖然談論的內容有些腥羶色，卻有種高中社團的可愛感覺。

我坐在張大哥旁邊，他說看護們只要有人生日，很常來這邊一起聚會吃飯。我問他，看護們也會幫張大哥慶生嗎？他說：「沒有啦，她們沒什麼錢。」張大哥說，她們在臺灣工作辛苦，像這樣聚會的時候開開黃色笑話，其實是釋放壓力，講一講也比較不孤單。張大哥不是任何一位看護的雇主，是菲菲有一次在山上豪宅打工時認識的同事。張大哥說，因為自己的女兒不在身邊，她想把看護們當做女兒一樣照顧，所以經常充當她們的郵差、司機，載她們出去玩。

不過，就像城市裡移工的聚會一樣，這場聚會因為大家還是要回雇主家，也很快地就結束了。隔天中午，張大哥工作的空檔回家休息，我跟朋友去找他聊天。

阿美族與印尼移工：生命的相似與交疊

張大哥的家小巧別緻，他過去做裝潢，屋子前用木頭搭的休息間有漂流木點綴裝飾。

他說菲菲照顧的阿嬤，阿嬤死去的丈夫以前是乩童，這間房子就是阿嬤丈夫看風水選地蓋成的。

我問張大哥，是什麼原因讓他特別想照顧都蘭的看護呢？「因為我也經歷過離鄉異地的辛苦。」張大哥說他今年快七十歲了，二十多歲時海軍陸戰隊剛退伍，村子裡有人介紹要去跑遠洋，聽說去跑船可以賺很多錢，安家費一個月三千塊，他就去跑了遠洋。他說一九七〇年代的都蘭，「男遠洋，女紡織」，男人都去基隆和高雄港當遠洋漁工，女人則去新北市泰山的工廠做紡織女工。小花曾經跟我說，部落的任何人一定都有過「想去臺北看看」的青年時期，過去部落女性去紡織廠做工，後來紡織工業走下坡後，部落婦女也繼續在都市的工地拔釘子，俗稱「拉丁少女」。

楊士範的《礦坑、海洋與鷹架》這本書曾經寫道，臺灣一九六〇年代末期，工業取代了農業成為經濟主體，「**所反映出來的是，在整體經濟擴張下，平地的一般教育水準有顯著的提高，致使工資較低、福利較差及危險性較高的部門產生勞力供給不足的現象。乃對山地形成一種勞力的吸引力。**」因為平地的缺工，花東的山地原住民一個一個到了西部工作，補足平地勞力的不足。書中也提到：「**最先改變原住民農耕生活型態的就是漁業，根據一九八一年出版的**《**北區都市山胞生活狀況調查研**

究》，因為阿美族人最擅長捕魚，所以很多阿美族同胞到基隆、高雄港口從事捕魚的工作。部落中，也因此常有家中無男丁的現象。」村子裡幾乎只剩下小孩和老年人。就像許多移工母國的村莊一樣，只剩下大大的空空的房子。

張大哥二十三歲時到了高雄港跑遠洋，他說年輕時的他血氣方剛，是個脾氣有點壞的青年。當時臺灣的遠洋漁船會到斐濟附近的薩摩亞捕魚，薩摩亞是軍事基地，如果船員要寫信給家人傳話要用錄音機，到港後再寄錄音機回臺灣。張大哥工作的船是一艘專釣鮪魚的大鐵船，船員共有二十三人。張大哥跑船兩年後，一次他跟船員打架，船長覺得他放蕩不羈，叫他打包下船，把他丟在薩摩亞。「這叫做 stayed，薩摩亞有很多 stayed 的人，除了臺灣人，還有韓國人，韓國人最兇。」張大哥說 stayed 的人除了被船長丟下的，也有人不想捕魚乾脆下船種東西。張大哥當時被 stayed 的臺灣人撿去他們的工寮一起生活，平時他們因為沒有身分，必須躲躲藏藏，主要以種東西託人賣錢維生。張大哥說，薩摩亞人很高大，有些 stayed 的人會娶當地的女人，在那邊生活時必須靠他們，有時要給他們一些錢。

張大哥在薩摩亞生活一年後，有一天，有一艘臺灣來的壞掉木船來到薩摩亞。木船會漏水，但是當時無法在薩摩亞修，只能開回臺灣。他就加入了這艘木船，他和船長、輪機長三人，每天二十四小時輪流，八小時開船、八小時舀水、八小時睡覺。開了一個多月才回臺灣。當時都蘭人去跑遠洋，常有在海中不見、家人從此找不到人的案例，而張大哥的家人也在一年後才知道他沒有失蹤與死亡。「因為以前在薩摩亞的經歷很辛苦，我覺得看護跟我以前一樣，很可憐，所以想照顧她們。」

張大哥說，他很能理解菲菲她們在臺灣為什麼交男朋友，「以前在部落也是這樣的，男人去跑遠洋，或女人去做紡織，留下來的眷屬太孤單了，所以會偷偷找伴。像我有個朋友以前跑遠洋，到現在還會來跟我訴苦說他老婆以前趁他不在時交男友。」

我漸漸發現，都蘭人們過去「男遠洋、女紡織」的生命經驗，此刻正在與菲菲和看護們的移工經驗對話著。在當今臺灣跑遠洋的漁工幾乎都來自東南亞之前，以前的遠洋漁工很多是阿美族。過去阿美族跑遠洋的年代，留守眷屬會交男女朋友，張大哥也說，孩子的出生年會依據男人回鄉而隔了幾年；許多像是菲菲的移工都有在臺灣的男女朋友，菲菲自己的兩個孩子差了十歲，因為她中間的十年都在國外工作。也是在認識張大哥之後，我才發現阿美族人過去到遠方工作的經歷，在都蘭小村莊，牽繫了移工與阿美族生命的相似與交疊。

從移工變成媳婦

除了來到菲菲家吃飯的朋友們外，都蘭還有一位印尼人，叫做Wanti（婉蒂）。只不過婉蒂不住都蘭，而是住在都蘭的隔壁，興昌村。每個平日的中午十二點前，婉蒂會開著一輛發財小貨車到都蘭，在都蘭的全家便利商店前面賣釋迦。婉蒂最初是二〇〇二年到臺東興昌當看護，二十年後，她成了原本照顧的阿嬤的孫媳婦。現在婉蒂跟先生一起種釋迦。

還不認識她的時候，我跟朋友聽說早上去全家前面就可以找得到婉蒂。第一次見面時，在婉蒂的小貨車後方，我們看到婉蒂在大熱天中全身包得緊緊，頭戴鴨舌帽與農人的包巾，就像是典型在臺灣公路旁包緊緊防曬，賣籐椅、菱角、水果的阿姨。不過婉蒂的面容就像都蘭的阿美族，膚色黑，眼睛深邃。直到我們開口用印尼文打招呼，她被嚇了一跳。她說在都蘭，很常被認作是當地人。

第二次見到婉蒂時，我剛好在菲菲家裡，婉蒂聽說我在這，便從興昌開車來菲菲家一起吃點心。有趣的是，我看見她到菲菲家之後，她坐下，吃菲菲煮的東西，「夭壽，好辣。」婉蒂吃了辣辣的印尼菜之後，瘋狂的喝水。我有點驚訝，她不是印尼人嗎？

「我對辣又愛又恨，結婚久了，家裡的人都不吃辣，我也就不太敢吃了。」婉蒂說又愛又恨的除了辣椒，還有她老公。

婉蒂之所以來都蘭全家前面賣釋迦，是結婚後小孩比較大去上課了，她才可以加減出門走動。賣釋迦、在都蘭認識印尼同鄉的朋友，對她來說是照顧小孩、家庭生活之外，可以喘氣呼吸的時刻。我想起過去在臺北木柵訪談過許多做美甲的越南婚姻移民女性，每當我問大家為什麼開始做美甲，每個人也都說因為小孩大了，終於可以出門過過自己的生活。

婉蒂來都蘭賣釋迦兩年，一開始她跟都蘭的看護怎麼認識的呢？菲菲說，她們兩個人第一次見面的時候被彼此嚇到，因為婉蒂賣釋迦的整套裝扮就像一般種釋迦的農人，再加上她的五官看起來像阿美族，兩人第一次見面時婉蒂跟菲菲講印尼話，菲菲有點不敢相信地說：「你真的是印尼（人）！」後來，菲菲經常煮東西來給婉蒂吃，婉蒂則跟她換一些水果。

婉蒂也認識米妮，因為小花在都蘭很有名，婉蒂的先生也認識小花。婉蒂和米妮也是賣釋迦時認識的，每到開齋節，米妮經常到全家前的釋迦貨車送東西給婉蒂吃。

婉蒂說有時候上午賣釋迦會收到米妮的訊息「姊，今天午餐想吃什麼？」，有時在都蘭中午不用買便當，米妮或菲菲就會送午餐來給她。

在都蘭，印尼人透過送東西、吃東西，彼此交換關係，也建立情誼。甚至婉蒂的先生曾經說：「自從她（婉蒂）在那邊做生意，都蘭認識的人都比我多。」

第三次跟婉蒂見面，是我跟朋友騎機車去她興昌的家找她。當時她跟先生剛結束白天釋迦園的工作，在家旁邊的大鐵皮屋休息，有一些工人正準備下班，婉蒂的兒子、女兒陸續下課回來。他們家不遠處有一間廟，廟旁邊一直有人在唱卡拉OK，鄰居從江蕙〈夢中的情話〉，唱到阿妹的〈三天三夜〉。我們一邊聽鄰居唱歌，一邊訪談。

「我先聲明，是她先追我的。」訪談時婉蒂的先生在旁邊，婉蒂說她跟先生「在這裡認識啊，他那麼孤單很可憐」。婉蒂的先生過去曾有一段婚姻，離婚後回鄉，與照顧他阿嬤的看護婉蒂相識相戀。二十年前，婉蒂是第一個來到興昌的印尼看護，照顧阿嬤六年，要回印尼時，「我們有一起生活的想法。」兩人結婚了，我們看了一些他們結婚的相片。相片中大大的家族，排排站在家屋前面，原本的看護變成媳婦，她與先生穿著婚紗靦腆地笑。

訪談時婉蒂的女兒回家，看我們在訪談，黏了過來。她想抱媽媽，但被拒絕，默默哭了。「很醜欸。」婉蒂說妹妹母奶喝了三年，很黏人，婉蒂先生在一旁說：「兩個小孩最漂亮的就是眼睛，但都給我近視。」

婉蒂平常在家裡的興趣是唱歌，遠方的卡拉OK唱到蔡依林的〈日不落〉，我們聊到這首歌竟然已經十五年了。婉蒂拿起手機，點開她平常唱歌的APP。她喜歡那英、王菲，最喜歡林憶蓮的〈至少還有你〉。她也喜歡和先生一起唱趙照的〈當你老了〉，婉蒂的先生說，那是一首情境像江蕙〈家後〉的歌，只不過他們家有自己的改編版本，女兒這時在一旁唱起來，「當你老了，屁股大了。」

平日在家旁邊的釋迦倉庫工作，如果身旁沒有人，婉蒂喜歡大聲唱歌，她說「有人經過的時候，我就縮（kiu）起來。」先生則說太太唱歌像殺雞，每次他看到她唱歌，就會開玩笑問她「妳殺了幾個雞？」閒暇時候，婉蒂也去臺東市找印尼新住民姊妹唱歌，三年前她們組了印尼姊妹的協會，每到六日，婉蒂經常跑臺東市參加協會的跳舞、表演活動。她們也一起去市區的姊妹家唱印尼卡拉OK。不過大多數時候，婉蒂還是喜歡在家裡唱歌，「一直去臺東找姊妹唱，也是會被老公家的人講話。」

為什麼婉蒂一開始想來臺灣呢？婉蒂印尼的家在泗水，她高中畢業就到城市的工廠工作。在六〇年代臺灣開始轉向工業化之後，平地漸漸缺工，一九七〇年代住在花東的張大哥與同鄉男子都到遠洋捕魚、阿美族女性也到城裡紡織。一九八〇年代，因為工資上漲、匯率提升，大規模的臺灣工廠外移到東南亞。一九九〇年代，婉蒂在一間泗水的臺灣鞋子工廠工作，工廠名字叫「Fortune」，但工人們都叫它「Formosa」。婉蒂說印尼泗水最多的就是臺灣人開的工廠，其次是中國。不過也在這個時候，一九九七年亞洲金融風暴、一九九八年執政長達二十年的蘇哈托獨裁政權更迭，那幾年的印尼動盪不安，物價上漲，民生不穩。因為工廠的勞動條件太嚴苛，薪水很少，「我們整個工廠都罷工了，二〇〇〇年，我被臺灣工廠資遣。」我記得過去訪談過的印尼看護受訪者，也有不少人跟我提到她們是一九九八年之後來臺灣工作。

被工廠資遣後，失業的婉蒂看了報紙，看到勞動職業中心可以找工作，她去了之後，發現職業中心的職員另外兼職作海外移工的 sponsor[5]（牛頭）。她於是跟著他，到

5 Sponsor（牛頭）：在印尼移工來臺灣工作的產業結構中，有仲介也有牛頭。牛頭通常是直接住在小鄉里的人，可能是里長或某個鄰居，他會負責招募鄉村裡想出國的人，並把他們安排到印尼的仲介公司受訓準備出國。

了臺灣，成為看護。「去了才發現，Formosa 不是我工廠的名字，是『臺灣』。」

婉蒂的生命很有趣，因為臺灣工廠產業外移，她過去在印尼的臺灣工廠工作。不過又因為一九九〇年代後印尼經濟、政治的劇烈變化，她參與罷工，失業後來了臺灣。之後她與臺灣先生結婚，結識在都蘭的看護，與過去曾經也是「島內移工」的阿美族人。

婉蒂現在是臺東均一中學的印尼語老師，她說她也正在上母語老師的師資培訓。訪談時，她的女兒慢慢走開，回家之後，她才小聲的跟我說，其實她很努力的想上培訓課程、跟姊妹辦協會，是因為她生活在這裡，同鄉需要幫助的時候，她可以幫忙。

我最後問婉蒂，除了中文、臺語、印尼文，她也會講阿美族語嗎？她說會啊，因為家裡有些工人是阿美族，多少學一些，最近學到一個新單字叫做 mabulin（跌倒）。她也說她平常在都蘭，人家都對她說，妳是阿美族喔？

「我是印尼族。」她總這樣回答。

都蘭的看護聚會

婉蒂和她在都蘭的釋迦車

廟會裡的漁工：屏東東港

自從臺灣農村、漁村年輕人外流後，我聽說在澎湖、東港的大型廟會祭典中，在地的印尼漁工、廠工開始參與廟會。

究竟廟會裡的移工會是什麼樣子？二〇二一年秋天，我到了東港三年一次的東港迎王平安祭典，想一探東港人怎麼看參與廟會的移工、移工怎麼看自己參與在臺灣廟會中。

當屏東縣東港鎮沿海的東港、鹽埔兩港口停滿最多漁船的時候，就是東港三年一次迎王來臨的時刻。當地人說「寧可不工作，不可不迎王」、「討海人過年在海上沒關係，但迎王時一定回東港」。

迎王是東港人信仰的中心與期盼，三年一次的迎王，王爺將帶走人世間的污穢與瘟疫，保佑東港平安。只不過多數人不知道的是，華僑市場的生猛海鮮，東港三寶黑鮪魚、櫻花蝦、油魚子，還有三年一次的迎王祭典，近二十年多年來，都少不了印尼漁工的身影。

當漁工遇上東港迎王

第一次去東港之前，我聽朋友庭寬說，三年一次的東港迎王中，有一個漁工的鼓隊經常參與迎王繞境。如果在 Youtube 搜尋「東港外勞鼓隊」，就可以看見他們的鼓隊影片。影片中總有一輛發財貨車，載著八、九個身著螢光色廟會 POLO 衫的移工，一面打著異於傳統廟會節奏的大鼓，一面搖啊搖，貨車晃到不知輪胎是否安好。這是歷年來「東港外勞鼓隊」在 Youtube 上，臺灣信眾上傳影片時撰寫的描述：

二〇〇九：「外籍勞工組成的大鼓陣，開車的阿伯應該頭暈了。」

二〇一二：「蔡昌憲[6]與東港最夯的震隆宮外勞大鼓陣超嗨的演出。」（影片中歌手蔡昌憲真的在車上）

二〇一八：「大千歲回宮安駕後，剛好遇到由外籍漁工組成的鼓陣，混合樂器表現出移工青年們的熱情，在本土文化祭典中這是我第一次聽見。」

為了親眼一見如此有趣的鼓隊，二〇二一年十月，我也跟著朋友們一起到東港，想看看三年一次的迎王祭典中，漁工在廟會裡的身影。十月二十八日，坐車到東港後，我加入庭寬跟著的「震隆宮」遶境隊伍一起走。「震隆宮」就是有移工大鼓隊的廟宇，隊伍中掛著「震隆宮大鼓隊」布條的藍色發財車就是移工鼓隊。這天是迎王遶境的最後一天，一整天的遶境巡著田走。

我是臺南關廟的鄉村囡仔，廟會對我來說是兒時的重要記憶。我記得在關廟，十二年一次的建醮之中，我爸爸與我們那個里的阿伯們會跳獅陣。小時候，獅陣晚間在

6 我先是在 Youtube 找到民眾拍蔡昌憲在外勞大鼓陣車上的影片，半年後意外查詢到，原來是二〇一二年三立電視《在臺灣的故事》曾經拍攝東港迎王特輯。

廟廣場練習時，我喜歡到旁邊當觀眾和加油隊，順便偷吃爸爸練習完廟裡發的宵夜。聽著廟會「洞！洞！」的鼓聲、爸爸拿盾牌和長矛跳著的獅陣，和兒時曾經看過建醮、燒王船的這些熱鬧場景，至今仍深深在我的記憶裡。

帶著童年廟會鼓聲的「洞！洞！」記憶，我在東港的迎王遶境裡聽見「震隆宮大鼓隊」的鼓聲不同於以往熟悉的臺灣廟會「洞！洞！」聲音。漁工們在發財車上，反而自創起了自己的打擊旋律。也一面唱起爪哇民歌、印尼皮影戲歌曲、伊斯蘭教拜拜歌，和庶民流行音樂噹嘟。而在綿長的遶境隊伍中，不同的轎班的神明轎幾乎都會插上USB，播幾首電音，或是鄧麗君的老歌。其中一個「震靈宮」的轎班，更是在神明轎上播著印尼的噹嘟音樂。

長大後接觸移工議題，我才聽說諸如澎湖、東港、小琉球的大小廟會都有外籍移工的身影。因為這些鄉里中，像我這樣年紀的青年紛紛離家，但仍以廟會聞名的鄉村小鎮，壯老年需要人手，而在工廠、漁港的男性移工，則成了廟會裡伯伯們烙人幫忙的重要角色。彼此交換的是紅包，和船長、老闆們看見他的工人也沉浸在廟會裡，那一句「啊他們也開心，我們也歡喜」的微妙感受。

在迎王遶境中，我看見每當「震隆宮大鼓隊」繞到市街上，或是繞進比較大的廟宇中，就像在菜市場聽聞厲害叫賣一般，人群紛紛聚集到鼓隊的發財車旁。尤其是鼓隊的移工開始打鼓、搖擺時，原本坐在檳榔攤前的東港居民紛紛歡呼。我站在下方拍照時，聽見圍觀的旁人說「是那一團外勞的！」「峇里島的音樂」即使鼓隊中沒有人來自峇里島，但「震隆宮大鼓隊」在東港迎王中享有名氣。

移工出現在東港迎王中，是一九九〇年代臺灣開始引進外籍移工之後，才漸漸形成的特殊人文地景。如果追述東港迎王的歷史，「迎王平安祭典」其實自從道光元年（一八二一年）就已經在東港舉辦，每三年一次，由主祀溫府千歲的東港東隆宮作為迎王祭典中心。二〇二一年雖然是疫情之年，但歷年來的迎王，從來沒有因為瘟疫停辦過，因為迎王儀式的目的自古以來就是為了除瘟。

早期，東港的居民主要來自泉州、漳州，並組成了自己的四縣同鄉會（同安、晉惠、南安、霞漳），同鄉會是東港人民以原鄉聚集人們的重要社群，歷經多年，四縣同鄉會演變成東港今日的七角頭（頂頭角、頂中街、下中街、安海街、下頭角、崙仔頂、埔仔角）[7]。每三年一次的迎王，七角頭以抽籤的方式，決定彼此在每次迎王中負責的神明轎。

討海的東港人在歷史上成立同鄉會，後來發展成鄉里間凝聚人力物力的七角頭。而在東港生活二十多年的印尼漁工，也在港邊慢慢形塑了自己的社群。在這裡漁工們以東港溪、新溝為界，將東港分成三個區塊。靠近東港人的信仰中心東隆宮，有諸多同鄉會組合的同鄉組織「FOSPI」（Forum Silaturahmi Pelaut Indonesia，東港印尼海員同鄉聯誼會）；靠近鎮海宮燒王船之地，有東港漁工自籌建設的東港清真寺。東港的漁工，人人也都會參與一個組織，成為群體的一員。

東港的漁工

孔老闆是船東，他是東港船東中無人不知的船老闆，「白道、黑道都來我家泡茶。」在最初到東港的田野中，經朋友介紹，我到孔老闆家訪問他。他說他一九六三年生，是土生土長的東港人。孔老闆印象中，「小時候的東港跟小琉球比較落後，人們都是捕魚維生，但每個人都想去比較大型的漁港高雄港、臺北討生活。」他說東港漁

7 謝國興。二〇二一。《禮祝下鄉：驅瘟逐疫祭典中的王府行儀——臺南、東港、漳州比較研究》。臺北市：蔚藍文化。

業在他成長過程中漸漸出現人才斷層，所以東港也漸漸開始聘請中國、東南亞的外籍漁工。也不只印尼的外勞，中國籍的漁工，其實也都參與在迎王之中。

孔老闆介紹我認識另一位做漁業的東港人友瑞，友瑞大我一歲，一九九六年生，是船公司的少東。他在迎王中隸屬的是下中街的角頭。他補充，過往東港也曾請過北韓漁工，他說北韓漁工工作能力好，可以直接來、沒有仲介公司，三人一組，會有個班長。只不過後來美國與聯合國對北韓提出制裁，東港的北韓漁工才逐漸消失[8]。

我問友瑞小時候對東港的移工有什麼樣的印象，他說小學時，他的腳踏車曾經被移工偷了，聽人家說移工偷腳踏車，會噴漆成各種顏色。他讀五專時經常往返東港和高雄，每週五、週末的公車上，擠滿了東港的菲律賓漁工，「我會聞到很重的古龍水味道。」

友瑞是少數上過船、跟外籍漁工長時間生活過的船公司老闆。因為要接家裡的事業，他媽媽建議他要到船上學經驗。在東港，鹽埔漁港多是小釣船、東港漁港則是延繩

8　行政院農委會漁業署於二〇一七年五月十二日公告，全面禁止僱用北韓籍船員。

釣的大船與沿近海的船。友瑞家的船都是大船，一次出海五個月以上，是補長旗鮪、大目鮪的延繩釣或底層拖網（俗稱「卡網仔」）漁船。他曾經跑了十個月的船，他說那次的跑船經驗，船隻會開到菲律賓達沃灣，去載菲律賓和印尼船員上船，再一直開到關島南方的漁場捕魚。這是現在東港漁船多數的航行路線。

在漁船上，友瑞說外籍船員休息時，通常是玩自己的手機，事先把影片存在手機裡或玩遊戲消遣。友瑞也曾經聽過船員們唱過印尼語、英語老歌。他曾經跟印尼船員聊天，印象深刻對方跟他說自己有四、五個老婆。

每艘遠洋漁船出海前，船公司至少會準備五個月份量的伙食上船，冰在冷凍庫中。友瑞覺得在船上的飲食生活很有趣。在船上，有菲律賓和印尼船員廚師輪流煮菜，一般正餐會有飯、一道菜、一道肉、一鍋湯。早上先煮正餐放飯，然後船員們去下鉤，中午吃麵，休息到兩、三點，四、五點起鉤，吃晚餐，起鉤後六小時、大約晚上十點再發給大家點心或麵包。友瑞笑說不知道為什麼，菲律賓或印尼廚師如果煮得不好吃，印尼、菲律賓船員不會直接跟同鄉廚師說不好吃，反而會來找船長或幹部訴苦說飯菜難吃。他也觀察到，菲律賓船員不喜歡吃菜，明明有十二個人一起吃，但菲律賓廚師只煮一小包菜。「他們很喜歡吃雞腳和玉米，會用搶的。」

友瑞說，漁船上的食物其實滿簡單的。但如果是對口味比較講究的臺灣船長，會先請家人料理，再帶著家人做的菜到船上冷凍起來，想吃的時候加熱。而當漁船靠港，有些遠洋漁船在海上冷凍沒有吃完的食材，漁工們則會拿去FOSPI，在漁工們聚會時自己料理，不浪費食材。

朋友庭寬帶我到港邊的FOSPI認識朋友，幾次待在FOSPI的過程中，雖然我的印尼語不是太好，但聽著大家聊天時，漁工們說話不時會跑出一些臺語、日語、英文混合的句子。有一次我聽著FOSPI的巡守隊隊長尤達在討論他的老闆，他說他很努力學臺語，想用一句剛學到的「明啊仔」跟老闆表示「明天」，但當他用爪哇口音對老闆說出「明啊仔」，老闆聽不懂，他改用中文說「明天」，老闆說「喔！Besok[9]」。而他的老闆有次要跟他說，船三天後會去屏東，竟混合著跟他說「Besok、Besok、Besok，屏東」他一直笑，笑說如果老闆你下次要講的是七天後，不就要說七次的Besok？

在漁船上，因為有臺灣人、印尼人、越南人或菲律賓人，有時還有來自其他國家的

9 印尼語「明天」之意。

船員，混合的語言是在漁港生活的日常。船上也經常講日文，船員和船長們會講さいこう（saikō，很好）、さいてい（saitei，差勁）、サービス（sābisu，優待）摻入日常的對話。印尼漁工稱船上的語言為「Bahasa kapal」，在船上有一定的術語，會因為船上的人、停駐的地方，長期下來，漁船語言混合了不同語言。而當漁船靠港，漁工們在東港的陸地上，需要重新學習東港的優勢語言，臺語。

在船上的混合語言，就像是人類學語言研究中的「pidgin（洋涇濱）」[10]，是一種讓不同語言之間的人們溝通的簡化語句。洋涇濱經常發生在全球貿易下的船隻場景中。因為有漁船上人們無法互相理解的語言障礙，但雙方需要彼此貿易或互動，所以協商出一套由許多簡單單詞組成的船上語言，也就是東港漁工們說的漁船語言 Bahasa kapal。

在東港，有許多漁工來自印尼的北海岸 Indramayu（南安由）一帶，部分來自東爪哇的 Banyuwangi（外南夢）。在 FOSPI 的漁工跟我說，因為家鄉長期有去臺

10 關於洋涇濱的敘述，亦參考自：Ofer Tirosh, April 21,2021, Pidgin Languages: The evolution and Examples of an Pidgin Language. (link:https://www.tomedes.com/translator-hub/pidgin-language?fbclid=IwAR1CXrdiPHVkeTSfEOdKOMP1LAR5F2zm_38OM9X-6mZZ0XWat8jPnytFOvw) 瀏覽日期：2022 年 3 月 12 日。

灣當漁工的人們回鄉，當漁工們耳濡目染跟船長學會「幹你娘」、「靠北」的口頭禪，回到家鄉時也會說上幾句。在家鄉，即使他們之前不曾出國，也曾經因為回鄉漁工口語上的習慣，會講上幾句海口腔濃的幹你娘。有一位漁工跟我說，「在船上學這些髒話的時候，可以默默經由船長的語氣知道原來這是他們的語助詞。但如果對方是在氣頭上，其實看氣氛也分得出來。我們會同鄉彼此說。只是漁工比較少直接對船長說，真的幹你娘下去會不得了。」

也托朋友庭寬的福，我認識了三位FOSPI的印尼朋友：凡納度、阿曼、王哥。這是他們來到東港的故事，述說著他們在廟會裡的角色，和他們如何看待東港與迎王。

凡納度

凡納度是東港同鄉會FOSPI的會長。剛開始訪談的時候，凡納度說他身為移工，來臺灣工作，是為了改變宿命。

「我身為移工，本來就是想改變命運而出來工作。出國工作可讓人改變命運，可能成功、也可能失敗。我如果在臺灣遇到不好的雇主，其實也是命運的一部分。如果生命中的好與壞都是命運，那要改變的其實不是命運，而是我們自己。」

凡納度一九八二年出生，家鄉在中爪哇的 Rembang（林邦），是一個靠近 Semarang（三寶瓏）的漁村。父親是農民，母親是菜市場小販，母親是父親的第二任妻子。因為父母賺的錢沒那麼多，凡納度高中二年級輟學，出外工作。他去工地打工，也去親戚的漁船上做工。後來聽說峇里島有一些工作機會，二〇〇二年，凡納度開始離家，到峇里島第一次當臺灣船的漁工。

凡納度說他當時在 Benoa Bali（峇里島貝諾瓦）這個地方，有很多外地人來這裡打工。那時的峇里島有很多延繩釣的臺灣船，他在船上第一次跟臺灣人相處。當時他對臺灣船長的印象是「很多臺灣人會講印尼話，不到會拳打腳踢，但也容易發飆和生氣。」凡納度在峇里島工作三年，二〇〇二、二〇〇五年峇里島分別經歷兩次恐怖攻擊。二〇〇五年的那次爆炸，凡納度也在峇里島。他記得當時晚上八點，他正在看電視，忽然「砰！」的巨響，不久後有許多救護車的聲音，載著傷者到距離他不遠的醫院。

在峇里島當漁工，每個月工資臺幣三千元，凡納度說他想改變命運的期待在那裡沒有實現。他聽說去外國工作，月薪可以有臺幣七千（美金兩百五十元，境外聘僱漁工薪水通常以美金計）。凡納度便去了關島當境外聘僱（簡稱為LG）的漁工。兩年後他賺了一些錢，回印尼買了一輛卡車想做生意，但或許是命運的關係，凡納度的卡車生意虧了錢，他來到臺灣，到了東港。

二〇一一年，凡納度到東港延繩釣的漁船工作。這時他已經到了適婚年齡，父母在印尼找了他的Ustadz（宗教導師）[11]作媒，想介紹女生跟他結婚。他想說自己在臺灣，不認識她，又沒辦法決定。凡納度請對方寄相片來，「當年修圖軟體還沒有那麼盛行，相片應該是真的。」他笑著說他們很少視訊，用電話遠距離交往一年，他二〇一三年再回印尼跟太太結婚。「剛回去第一次看到她本人，一點都沒有這是我未來妻子的感覺。是結婚後才開始有戀愛的氛圍。」凡納度說著害羞起來。

11 Ustadz（宗教導師）一般隸屬於清真寺，有時Ustadz跟Dukun（巫師、巫醫）一樣有sihir（魔法），Ustadz的魔法會透過唸可蘭經來施展。有些印尼人在來臺灣工作前，會去找Ustadz，Ustadz會給他們一張用阿拉伯文寫的紙，叫做jimat，有點像符咒。Ustadz會對他們說，你們去了臺灣，就把jimat帶在身上保平安。但是jimat放身上時不能喝酒、不能跟人做愛，不然會沒有效，要做這些事時，可以先拿開。如果身上帶著jimat，跟人做愛，那個人會一輩子跟著你。

凡納度在老婆懷孕四個月後，二〇一五年又到臺灣工作。他這次提前解約，因為想回家看素未謀面的女兒。他記得從臺灣回印尼時，他的岳父帶妻子、女兒開車來機場接他，當他抱起兩歲的女兒，她會怕。那次回家的車程，凡納度坐在副駕駛座，岳父開車，女兒跑到他懷裡抱他，直到全程到家。「我很感動，但也很難過，沒辦法在她成長過程陪伴她。」

在有女兒的故鄉林邦，凡納度說印尼北海岸的漁村也有類似東港迎王、專屬漁民豐收的祭典 Nadran。「漁民的叫做 Nadran，農民的豐收祭叫做 Sedekah bumi，一年一次。」Nadran 會持續一整週，會有 wayang orang/ wayang kulit（皮影戲）、像臺灣歌仔戲的 Ketoprak（話劇）表演。而對比於在東港，漁民多數拜王爺；印尼人雖然多數是一神信仰的穆斯林，但在民間，人們也相信庇佑漁民的 Dewi Lanjar（北海女神）、Nyai Roro Kidul（南海女神）。

凡納度之前的雇主是小琉球人。東港、小琉球三年一次的聯合迎王祭通常時間相近。二〇〇六年到二〇一二年，凡納度都會跟著雇主在小琉球迎王時幫忙抬轎。他對迎王時，在街上能拿到許多免費的食物印象深刻。「但是很累。」凡納度在琉球迎王中扛神明轎、整理廟裡，也跟廟裡的臺灣阿伯們一起吃飯。他記得第一次參加臺灣的廟會活動，他的感受是「原來臺灣人也有感謝的心。」

阿曼

阿曼在FOSPI有個臺語綽號叫做「阿公」，因為他今年五十歲，但已經成為「阿公」。阿曼在印尼有三個小孩，最大的二十七歲，最小的兒子四歲。另外有一個兩歲半的孫子，孫子不叫他阿公，叫阿曼Bapak[12]（爸爸）。

阿曼是FOSPI的總務，二〇二一年底東港迎王的那幾天，阿曼在他雇主的轎班幫忙抬轎。他的外表看起來就像一般廟會裡阿伯的面貌，在轎班裡毫無違和。但他一開口，就像是典型的爪哇人，嗓門大，幽默，講話婉轉柔和。

阿曼真正的出生年跟身分證不一樣。身分證寫一九七四，實際出生年是一九七二，他開玩笑說自己只有三十八歲。阿曼來自爪哇北海岸的漁村Dadap（達達普），那裡是一個小鄉村，但也有大馬路。達達普人大部分念到小學，或小學沒有畢業就去

12 Bapak，印尼語有爸爸、先生兩種含義。

捕魚。漁民大多捕的是丁香魚。

他父親是漁夫、母親是家庭主婦，家裡共有九個兄弟姊妹，阿曼排行老七。阿曼國中畢業後十六歲就開始捕魚，但在那之前，在學校一放長假他就會去船上打工。達達普很多人都會去Muara Angke Jakarta（雅加達的紅溪漁港）當人家的漁工，一天薪水七千印尼盾。阿曼和父親都在紅溪捕魚，從達達普到紅溪漁港共四小時車程，一趟車錢就要一千五百印尼盾。

阿曼一九九六年第一次申請到國外工作，當時有很多達達普人都一起到夏威夷做境外聘僱的漁工。他記得他們會先搭巴士到峇里島，整臺巴士全部都是從達達普來的人，到峇里島後，再等飛機載他們到夏威夷。當時在夏威夷，阿曼上了一艘延繩釣的臺灣船工作，船每次出海二十五天，他去過關島、萬那杜、馬紹爾、庫克群島，待了十二年。爾後才來到東港，至今在東港將近十三年。

在東港十三年的時光中，阿曼總共參加過四次迎王。他說：「那個三年一次的拜拜，我覺得好累。」迎王期間，阿曼的老闆找了同船印尼船員們一起到老闆的廟幫忙遶境、抬轎。阿曼說每次遶境一天比一天晚，經常走到腳破皮。他觀察到迎王期間，整個東港很熱鬧、吃東西不用錢。被老闆找去幫忙的漁工，每天遶境會拿到一千元紅包，「很累，但是有錢。」

阿曼的故鄉達達普也有漁民的收穫慶典Nadran。他說Nadran不會像東港迎王一樣，遶境繞到這麼多地方。但是Nadran一樣會做一艘巨大的船，船上放祭品，再推到海裡等船沉下去，Nadran是為了慶祝豐收；東港的迎王，則是把王船燒掉，讓王爺重返天廳，帶走凡間的污穢與瘟疫。

FOSPI還沒成立的時候阿曼就在東港了。至今他擔任FOSPI的總務三年，負責管錢。就像是每個東港人或家庭，一定會屬於一個角頭。在東港的漁工，幾乎每個人都有各自隸屬的同鄉會。FOSPI是這些同鄉會的中心。

還沒有FOSPI的時候，漁工們在東港就會分成東爪哇、中爪哇等區域的朋友群。當有一位新的漁工到來，「我們就會問他，你從哪來？自然就會被自己的同鄉照顧。」阿曼說，在東港，如果沒有加入一個群體，當漁工們在工作上遇到問題，可能就沒有管道可以處理。在FOSPI，每個人都需要加入一個同鄉會，每人每月會費臺幣一百元，FOSPI的工作是協調紛爭、幫助傷病，若有亡者，FOSPI就組織各個同鄉會協助募款。FOSPI的目的就是維繫船員之間的關係和諧。

王哥

王哥總共參加過七次東港迎王。他經常在FOSPI拿起吉他唱歌，他說和朋友們平日在這裡喇賽，是為了消遣工作裡壓抑的情緒。王哥也是東港迎王中，早期二〇〇〇年移工搖擺大鼓隊的一員。

王哥一九九九年第一次來臺灣工作，總共當漁工十六年多。他說他大概是一九八〇到八二年間出生，因為剛要申請出國時，年紀太小，就把歲數調高。久了，也就不清楚自己到底幾歲。

王哥跟阿曼都來自達達普，他的父母有四個小孩，王哥排行老二，是家中最早出國的孩子。王哥的媽媽在賣魚，爸爸捕魚，他小學四年級就開始瞞著爸媽出外跑船打工。他說自己喜歡跑船的意志是從爸爸身上學來的。他在爸爸身上學會，出去工作就要想怎麼生存、如何不會挨餓，要強迫自己學會所有技術。他說去當漁工，也是強迫自己要知道怎麼捕魚。

王哥小四的時候，一位沒讀書的朋友邀請他去船上，以「玩玩」的名義幫忙工作。「可以賺很多零用錢，我本來就不太喜歡讀書。」

王哥小學時是班長，一個班四十人，男女各半。平時同學們最多只能拿零用錢買糖果餅乾，但他去船上「玩玩」賺的錢多到可以買足球鞋、請大家吃點心。錢有點太多，同學懷疑他偷錢，一問才知道他是去捕魚。因為王哥是班長，他開始偷偷去跑船後，全班一半的男生都跟著他一起去。

一開始每週日，王哥瞞著爸媽偷偷去船上工作。五年級時被媽媽知道了，媽媽很生氣，下了禁令。過不久他又偷跑去打工，被家人發現。爸媽要他想清楚，要讀書就把書讀完。王哥想，他如果出去工作，「錢都要給媽媽，還是把書念完好了。」六年級時，因為之前偷打工上船都是一天來回，這次出海歷時一星期，王哥還是偷偷去打工。媽媽又知道了。

後來王哥聽鄰居說，媽媽因為怕他去跑船出事，知道時在家一直哭。回來時他不敢回家，怕爸媽會生氣，但他想說他帶很多錢回來，應該還好。回家時，媽媽哭著抱他。他說在印尼的鄉村，人們如果買機車，要跟大家分享喜悅，就會在家門口灑零錢。

他只是出海一週回家，爸媽在家門口灑了很多錢，慶祝他平安回來。

王哥國小沒有畢業，就正式上船在達達普當漁工，他也在一九九九年第一次來臺灣。在印尼捕魚跟在臺灣有什麼不一樣？他說：「在印尼很隨便，大家都懶懶的。這邊有一個明確的雇主，是一個練習忍耐的過程。」他發現在海外，不管發生什麼事都要堅強。不像在印尼，在船上遇到不公平，不想做可以不要做。

「什麼都可以忍耐，但最難忍耐的是女人。」王哥說關於工作，他都是已經想過的。他說有時遇到不好或不夠好的老闆，那也不用太有原則，如果你太有原則，說不定他也不買單。但如果是女人，老婆、媽媽、女兒希望他回家，他沒辦法抗拒。

王哥有兩段婚姻，前妻生的女兒今年十七歲，經常視訊給他看男生的照片，問爸爸帥不帥；現任妻子過去在高雄當看護，兩人所生的小兒子今年三歲，跟王哥長得一模一樣，個性也像。王哥給我看小兒子在印尼的影片，影片中兒子看著爸爸拍的廟會影片，扛著掃帚繞圈，模仿遶境。

最初來到東港的隔年，二〇〇〇年是王哥第一次在東港參加迎王。他記得第一次參加的感覺是「很不爽」。當時他被老闆發了衣服，懵懵懂懂被叫去幫忙抬轎。因為從沒參加過，他發現要走很多路，很累，有點不爽。遶境第三天，他開始被叫去鼓陣打鼓。在小小貨車上，他和二〇〇〇年同批漁工開始改良鼓陣的音樂，隨性打、哼自己的歌，其他臺灣人發現他們很適合。自從開始在「搖擺大鼓隊」打鼓，王哥和夥伴每三年慢慢改良，「後來很期待三年一次的拜拜，可以去打鼓。」

王哥一開始每三年都參加鼓隊，後來二〇一八年曾經回印尼，再來臺灣時，每三年一次的東港迎王，他都會去看最後一天的燒王船。二〇二一年底的東港迎王，我跟著庭寬和王哥一起在鎮海宮前面的沙灘看燒王船。晚上十二點，許多外地專程來看燒王船的臺灣人在便利商店買了雨衣，鋪在沙灘上坐著等候。王哥則是從FOSPI打了一塊漁船上的泡綿地墊前來，說依他多年的經驗，坐泡綿地墊最不會冷；王船前聚滿了人潮，他引領我們到王船遠方一處位置坐下，說這個位置視野最好。

我印象深刻王哥跟我說，他年輕時放縱，喜歡出外交友、喝酒。他說在臺灣工作，只要每月領薪水、寄回家，很簡單。回印尼後，除了要工作，還要幫忙照顧小孩、料理家庭。相較起來，在臺灣工作的生活比較單純。

我問他，在臺灣比較自由嗎？「對。」王哥靦腆地笑了。我再問他，喜歡自由嗎？

「不。」他搖搖頭，一面舒展盤腿而坐的身體。「年紀大了。」

凌晨五點，王船燒盡了。王哥跟我們一起走回東港的漁港邊，港邊的船隻排排停駐，他慢慢越過一艘一艘漁船，跳回他工作的船上睡覺。

震隆宮大鼓陣（吳庭寬提供）

震隆宮大
YU-6797

東港迎王燒王船除瘟（吳庭寬提供）

東港迎王繞街巡田

【特別篇】關於移工，向神明爺爺問問題

移工的生活中，我觀察到許多典型的生命事件，例如：婚外情、暫時的伴侶、渴望與臺灣人戀愛……我覺得這些都很真實，可是在一般大眾眼中，有些事件似乎是道德瑕疵。

事件的道德瑕疵，該如何理解呢？

訪談中，有些事件的原因仍然不可知，可能難以啟齒或對方難以回答。我心中很多提問，害怕會是笨問題而不敢問出口。

某天我忽然有個靈感，如果人問不到，如果去跟神明聊聊呢？觀察著人間世事的神明，超然的角度會對移工有什麼樣的看法？

時間：國曆二〇二二年六月八日
地點：屏東長治安靈宮
訪談神明：南天李府三千歲

※安靈宮是我同學家開的家廟，平時常有民眾問事。本篇為我和千歲爺爺附身的乩身叔叔面談的內容。為保持千歲爺爺訪談之完整，本篇以訪談問答形式呈現。千歲爺爺以下簡寫為「千」。

千歲爺爺

我：千歲爺爺，您的本名叫做南天李府三千歲，那您是什麼時候出生的？
千：這個不能透露。
我：您覺得您是一個什麼樣個性的人？
千：神明都是大慈大悲的。
我：不過我聽說不同神明都有不同的個性？

千：是地。

我：像女性神明，信徒問感情時，祂可能會說要先照顧好自己。但是男性神明可能會有不同的詮釋。那千歲爺爺以你對自己的看法，您覺得您是一個什麼樣個性的人？

千：不是，這個男女的每一種狀況，交往、來生、前世，都要去了解，才能指示目前要怎麼去做。這沒有一定的規矩啦，也是沒有一定的模式。只是看你們的交往啊，是什麼狀況啊。齁，跟你解釋，讓你們去改善，讓你們去交往得更好。那假設是前世姻緣，就另當別論了。這個牽涉到很廣，都要看個案來敘述。

我：千歲爺爺到現在幾歲？

千：一千多歲。

我：千歲爺爺的職位是天官的宰相，那天官宰相主要負責什麼樣的事情？

千：我本來是在玉皇大帝旁邊的判官。

我：所以千歲爺爺本來是玉皇大帝的判官，那您現在來屏東，您現在負責的主要是什麼工作？

千：幫助信徒，大家平安、順利，有什麼困難可以幫助他們。身體健康、學業進步、感情有什麼困難、家庭有什麼困難啊，齁。

我：我滿好奇以千歲爺爺的角度來說，因為會有很多信徒來尋求你的幫助，千歲爺爺也是一個大慈大悲的人，會去幫助大家、解決大家的疑惑或困難。那以你的想法來說，你覺得通常做什麼樣的事是你很開心的？

千：做每樣事情都開心啊。

我：是喔？

千：嘿（heh）。

我：你不會有不耐煩的事情？

千：嗯，這十幾年來，這個，不會不耐煩。

我：是喔？

千：嘿。

我：那遇到什麼樣的事情是你覺得最開心，你覺得最有意義的？

千：要這麼講啦，不是每一樣事情都可以解決，不是每一個人的煩惱都可以解決，因為很多背景因素，個性啊、他的前生後世啊，很多的問題啦。

我：當那個人的煩惱，或那一件事情沒辦法解決的時候，你會覺得難過嗎？

千：不會，因為他做的事情不是每一樣都是對的。他的要求不對的話，也是沒辦法幫他解決。

我：所以都是最好的安排？

千：（笑），可是還是會給他靈感啦，會給他指示，說要怎麼去改善，改善以後才有什麼變化，讓他去體會。

我：所以有的時候是，讓對方去體會？

千：對，很多事情都要各個去體會。以後要怎麼樣，自己去改變自己，才有辦法把事情改變。

我：要自己去改變自己？

千：嘿。

我：因為很多人去求神或問事情，其實他很想要去找一個外在的東西來改變，可是只有他自己可以改變他自己？

千：很多都是自己不改變的話，沒辦法去改變既成的事實。包括想法、包括作法、包括各方面的問題。

我：千歲爺爺，接下來的問題是我有一天冥想忽然想到的。大家都會去廟裡拜拜，覺得我要崇拜神明。但是，我一直想說，有時候人們過於想得到神明的幫助，但是神明會不會其實比較想當大家的好朋友，而不是以崇拜的方式看祂？

千：人們有所求，神明會幫忙。可是我更希望，人們可以當自己的神明。神明是希望，我們在保佑你們的時候，你們自己先保佑自己。這樣的話，你就是心無罣礙。心，清楚地知道自己做的事情是對的，那就無形中，會增加更大的力量去完成你想要達成的目的。

我：不管哪一個神明都是這樣的？

千：本千歲是這樣的（笑）。

我：（笑）其他人就不知道了？

千：嘿（笑）。

我：了解。

關於移工的生命事件

我：那我接下來想問千歲爺爺一些，我在外籍移工這個議題還有圈子裡面，看到很多人，大部分是印尼移工，他們的移工身分中有一些典型的生命事件。但是一般大眾對這些事情都會有些負面標籤，我想問問看千歲爺爺，你對這些很常發生的事情有什麼看法和想法。

我：第一個是，很多外籍移工他可能在印尼有老公、老婆和小孩，但他來臺灣後，我所知道的，大概七八成的人還是會在臺灣有一個男朋友，或一個女朋友。千歲爺爺怎麼看這件事情？

千：這個就是目前整個社會的趨勢、開放後的結果。社會的太開放、太自由。因為移工的話本身，他們的生活條件、生活方式，跟他們的工作性質，他們的生活環境就在一定的模式裡面。他們到外地來打拼，很多的目的只是賺錢，沒有其他的。在臺灣交男女朋友，為的是他們要尋求精神上的安慰。

我：喔～所以是一種精神上的安慰？

千：嘿。

我：所以他們在印尼的老公和老婆，很多人也都會外遇，也是同樣的道理嗎？也是需要一個精神上的安慰？

千：（笑）對，是地。因為他們的民族性比較開放啦。

我：是喔，是比臺灣人還要開放嗎？

千：嘿。

我：我以為臺灣人比較開放。

千：不是。

我：我有聽過印尼朋友會不解，為什麼臺灣的男女朋友結婚前，要先住在一起很長一段時間。在印尼，我聽說大家要結婚和交往是很快的。但是在臺灣不太一樣，他們不知道為什麼臺灣人會這麼做。

千：因為臺灣人，所考慮、顧忌的各種條件，都會再考慮。他們的話，思想會比較單純，合適就在一起。就這麼簡單。

我：但這個也沒有對、錯，對不對？

千：這沒有什麼對錯。就是不同的文化，各方面的背景不一樣。

我：所以他們在感情上比較開放，也跟「合適就在一起」有一些關係？

千：對。

我：是因為覺得原本的不合，那我可以去找一個精神的慰藉？

千：嗯。

我：喔～了解。

我：我想再問千歲爺爺，我在臺北車站交到一些印尼的朋友。有些朋友，起初她是照顧阿公阿嬤的看護，後來交了臺灣男朋友，結婚，成為臺灣人的媳婦。我後來聽說，她每次星期天去臺北車站，身邊就會圍著一群也想要交臺灣男朋友的女生，這些女生同樣是印尼看護。千歲爺爺怎麼看這個現象？

千：這個是好現象。

我：是好現象？

千：嘿。

我：為什麼？

千：她們也想追求幸福美滿的婚姻啊。

我：她們覺得幸福美滿？

千：嫁給臺灣的男孩子是幸福的。

我：喔～為什麼她們覺得嫁給臺灣男孩子幸福？

千：這個就是，妳認識的這個朋友，她的婚姻生活是美滿的，齁，她們也想要啊。

我：喔～就看到那個朋友，她很幸福，所以我也想跟她一樣幸福？

千：嘿，是地。

我：那我還想問千歲爺爺，我去年的時候訪談了一些雇主，家裡有請移工的雇主。我發現，其實很多時候，比如說電視新聞有雇主虐待移工的新聞，但很多時候是，這個雇主他可能過去曾經受過傷，或他有一些自己的精神創傷，可是他把他自己的怒氣或過去這些受傷的壓抑，宣洩在這個移工身上。為什麼會發生這樣的事情？

千：本來他們的水準就，要看你遇上的移工啦。嘿啊。好的移工跟不好的移工都有啦。這個雇主是以前遇上不好的移工，發生很多不如意的事情，讓他精神或各方面都受創。那也有很多是遇上很好的移工，很幫助這個雇主，這個都有。那妳訪談這些的話，妳要看妳訪談的比例。妳訪談的比例多少，那妳才去做比較。

我：了解。我確實是比較難遇到不好的雇主，比較難訪談到他們。

千：嘿啊，這個就是，在妳的訪談中，妳要有那個警覺心去了解，是雇主有問題呢，還是移工有問題。

我：因為有可能是這個移工跟我是朋友，所以我不知道？

千：嘿。

我：喔~。

千：那就是看看誰是有問題、誰說得對、誰說得有問題。

我：我會發現，有些移工非常地遵守秩序，比如說有些移工覺得穿得比較少、打扮比較時髦的移工，或會喝酒的移工是老鼠屎，他們覺得這些人讓臺灣人對移工留下不好的印象，他們把我們所有印尼人的印象都打壞了，為什麼會有這樣的想法？

千：這個是事實面的陳述啦，嘿啊。實際上每個民族、每個國家都有這些現象啦，看他的比例。這一批移工，本身在他本國就素質不好，那就是這一批。大部分都是素質好的啦，他們的目的是為了過來看看有沒有機會嫁給臺灣人，或是他們要賺一筆錢回去有什麼目的。所以說，實際上他的比例上的話，好的應該是比較多啦。有問題的移工畢竟還是少數。

我：我想問千歲爺爺，因為我之前知道我們這一世，跟家人、或者是跟我糾纏很久的人的關係，在前世可能都有一些關聯。我想問，是不是一個照顧身障朋友很久很久離不開他們的移工，或者是一個雇主跟他的移工有很長時間的照顧關係，這些人，是不是他們前世也有一些關聯？

千：有啊。都有些關聯。

我：所以是，他們的這一世，其實是前世有一些關聯，要來再互相學習的？

千：嘿，是的。

我：喔~。

千：嘿，都有關聯啦。

我：那比如說，我現在之所以會訪談到很多印尼朋友，或其他我的受訪者，我跟他們有什麼樣的關聯嗎？

千：以妳的立場的話，妳不要有什麼關聯。

我：我不要有什麼關聯比較好？

千：（笑）嘿，是地。

我：因為我會想太多？

千：因為這樣的話妳才會比較客觀啊。妳在訪談中，妳會比較客觀，才不會走入比較狹窄的思維裡面啦。嘿啊。因為人生的悲劇、喜劇什麼，都有啦。所以說，妳要用最客觀的去訪談。齁，這樣才會比較客觀。

我：嗯！了解。

我：我想問千歲爺爺，我後來比較認識一些印尼朋友之後，我一開始以為大家來臺灣的原因就是因為家裡經濟比較不好，要來臺灣賺錢。可是我後來發現，很多人可能並不只是這樣。

千：是地。

我：還有很多人的原因是因為，他可能家庭或感情，或她的生意、欠債遇到挫折，所以對他來說是一種逃脫，逃到另外一個地方，重新面對他自己。那千歲爺爺怎麼看這些事情？

千：這個都很正常的現象，因為每個移工都有各自背後的經歷。也就是說，有問題了他才會離開。可是有些人就是希望過來，看看有沒有機會找一個幸福美滿的家庭。

我：喔~也有人想要離開，再也不回去？

千：對。離開他們的故鄉，尋找更好的生活。

我：因為自己的故鄉，覺得已經沒辦法再待下去了嗎？

千：嘿啊。他有更好的生活條件或更好的發展，齁，他們就換一個環境啊，尋找更好的生活條件。

我：但是每個人想像的更好的生活條件，是不是不太一樣？

千：都不一樣，嘿。因為每個移工的背景，每個移工後面的各種條件，都不一樣啊。這個問題太廣了，妳要去訪談他們，需要更多時間。

我：嗯，我知道。

千：嘿啊，妳還是要累積妳的經驗，妳的經驗越多，訪談的事情就越廣。

我：我會發現有些移工朋友，待在臺灣很久，就不想回去了。為什麼？除了他們跟我說的，會被逼婚之外？

千：實際上，會留在臺灣很長時間的人，都是因為她們感覺臺灣的各種條件都對他滿好的。

我：感覺臺灣生活比較舒適？

千：嘿。

關於標籤

我：那我想問千歲爺爺，為什麼一般主流新聞媒體，對外籍移工，或者是我在看書，很多書寫外籍移工的敘事，比較多是兩種極端。一種極端是「勵志感人」，另一種則是「刻苦可憐」，為什麼會這樣？

千：不能這樣批評啦。

我：？

千：人活在這個世界上都有他的職責、目標跟生活方式。不能用這麼極端的言論去批評他們啦，齁。

我：那為什麼現在比較多會出現這兩種極端的敘事？

千：因為，發生事情就是一定批評嘛，那美好的一定是讚揚啊。那平常沒什麼事的時候，大家就乖乖的安捏（án-ne）。過著很平常的生活。那這些事情本來就是一個是極端的好，一個是極端的壞，才會上了一個極端的問題（在新聞中）。

千：實際上，妳這個題材是還滿廣的，遇上每個狀況都不一樣，妳好好的去體會的話，妳就會體會出，妳會悟出，人生各種困難，跟各種順境逆境，在哪個時間點。

我：了解。

我：那我想問千歲爺爺，我一開始其實也對移工有一些偏見，為什麼人會覺得別人危險？一開始我的偏見是這樣。

千：不是啊，妳沒去了解啊。

我：喔~沒有去了解，所以覺得他很危險？

千：（笑）嘿，對。那個因為都是媒體所塑造出來的，別人給你的觀念啦。所以說，人之初性本善、人之初性本惡，看妳怎麼去講。

我：喔~這兩個都是存在的？

千：（笑）嘿。

我：那為什麼，我之所以小時候會有這樣的想法，除了媒體塑造的，還有爸爸媽媽都跟我說，外勞會偷腳踏車。為什麼他們會偷腳踏車（笑）？

千：（笑）實際上會去偷，很多原因啦。偷了他是要去自己用，還是偷了要變現金，還是有什麼原因。齁。可是他們的機率，假設偷了車子，被發現的機率高，大家都爭相指責，是這麼樣的。這個就是以前，大家對外來的人，都是排斥的。五十年代、六十年代出生的人，就是排斥外勞，做心理的預防建設，交代子女要注意這些。這個是防禦心態。

我：可是我覺得，其實我也在想，臺灣人其實也是從中國大陸、其他的地方來的，我們一開始也是外地人，可是為什麼又會對現在的外地人，產生這種排斥？

千：這個的話，永遠都是這一種模式。嘿啊，防患未然，自己做防範，阻隔外來的，預防他們會發生什麼事情，侵害到我們，這個都是預防的心態。我先做防禦工作阿捏，我防著你，慢慢慢慢相處相處，大家就融合了，就沒事了，大家就能和平相處，是這樣的。

我：那為什麼，我媽媽在工廠工作，我小時候就知道她有很多外勞的同事，我明明從那時候看她都跟外勞處得還不錯，但是她還是會跟我說，你不要交一個外勞的男朋友，他們可以娶四個老婆（笑）。為什麼我媽媽會跟我這樣講？

千：是啊，印尼是不是一夫多妻制？

我：對，是。

千：那就是這種現象啊。那他們那一些，來跟妳媽媽一起工作的，可能就是人家的第二個、第三個，或是第四個。他們非得出來賺錢，回去養小孩子和家庭。

我：我後來有發現好像是，我媽媽知道她的同事在臺灣都有女朋友，她覺得那很亂，她不希望我這樣做。

千：（笑）當然啊。是，一定是這麼樣的。

我：我後來發現，我對外籍移工的標籤，一開始有從「覺得他們危險」變成「覺得他們很可憐」。但是，我後來又發現，「覺得他們很可憐」也是一個標籤耶。就是，我只用他很可憐去看他，我就沒辦法看到其他的面相。那為什麼人會覺得別人很可憐？

千：這個，就是你自己的憐憫心啊。

我：喔~憐憫心。可是也有很多人會覺得，外籍移工很可憐。

千：實際上不是可憐啦，是你用你的看法去看他們。實際上，移工們靠他們的勞力去賺錢，他們很多都做得很快樂，很多都做得很高興。他們所得到的報酬，有滿足他們希望所得到的。沒什麼問題呀。實際上他們很多都做得很高興，齁，他們得到的報酬都是他們希望看到的。實際上，大部分的移工都很守秩序、很守規矩。只是少部分，妳講的喝酒啊、交女朋友、男朋友啊這些，都是少部分。

我：我想問千歲爺爺，為什麼人會在另外一個人身上貼標籤？

千：那個就是觀察不徹底。

我：觀察不徹底？

千：因為你在哪個階層，觀察哪個角度。你是個體的觀察，或是大體的觀察，或是整個群體的觀察，看你觀察哪個角度啊。

我：所以很多人可能只觀察到一個角度？

千：嘿啊。你是觀察到這一批生活上都有缺點的，那只是，這整個團體，是這小部分有缺點啊，你是觀察到這個缺點，你就把整個移工的缺點，就只是說出那個缺點。這樣也是不對的啦。

我：那為什麼，有一些人會覺得移工或者是弱勢的人需要被幫助？

千：看哪個情形，那個弱勢，看他弱到哪個地步安捏。有的弱勢團體，他們都很有他們本身的志氣。很多弱勢也不希望人家幫忙，他們用他們的力量去爭取他們的報酬，他們這樣就滿足了。我們不能再用那個眼光去看他們。那實際上，也有一些是需要被幫助的。也有的是真正有困難需要被幫助的，那就是希望社會能幫助這個真正的弱勢。可是，也有一些是假裝弱勢，實際上他們就衣食不愁，尋求社會的資源，得到很多的資源，嘿攏假的安捏（he-lóng-ké--ê-án-ne）。

我：我這幾年在臺北發現，比如說在臺北市、新北市、桃園市有很多「優秀外勞的獎項」，他們會去評比出你是不是一個優秀的外勞，如果他們評選是的話，他就會給他頒獎。以千歲爺爺的觀點，你覺得為什麼會有這些優秀外勞的獎項？

千：鼓勵外勞啊。鼓勵外勞，大家共同一起過美好的生活。這個在臺北、新北或桃園，也是鼓勵新住民的人口，能對臺灣產生美好的工作效力。幫助新住民人口，對臺灣更有幫助啊。這個都是好現象啦。

我：是好現象喔？

千：是地。有的也都很出色啊。

我：對，有的確實是很厲害的人。但我在想，這個獎項，它之所以出現，是不是我們對「好的外勞」有一個既定的印象？

千：鼓勵外勞大家一起努力啊。這個都很好啦。嘿。

我：所以千歲爺爺覺得，其實這是一個好的現象？

千：對。妳看前幾年都沒有這些現象，這幾年一直鼓勵新住民，出來大家一起共同努力。把臺灣做得更好。把新住民融入臺灣，變成真正的住民，這個都是好現象。

我：長遠來看，其實這個是好的？

千：這個就是種族融合啊。種族融合是好的，因為國與國之間的交流，會變成更融合。會去了解新住民他們國家的情勢，這個都很好啦。改變臺灣的這個「優良品種」，這也是很好的現象啊。

我：我認同千歲爺爺說，這個其實是一個鼓勵大家的方法，但是我有點擔心的是，這個會不會形塑出一種，「我覺得什麼樣才是好」、「什麼樣是不好」的一種標籤？

千：實際上優秀都是好。這個新住民很優秀，跟臺灣人很優秀，都是好的。可以影響那些有問題的，勸導素質比較差的，這個都是好現象。好的去影響不好的，讓他們改成好的。實際上你去訪談的話，那個移工百分之八十都是很優秀的。

我：對，我的朋友都蠻優秀的。

千：對啊，他們都是工作很勤勞、生活很節儉，為了就是要把錢寄回去養一家人。百分之五十都是這個現象啦。那只是少部分本身就是有問題的，來到這邊還是有問題，就是這種狀況。出外打拚，就是為了前途嘛。要有前途才出外打拚啊，是這麼樣的。

關於外國神靈、神明出國

我：我想問千歲爺爺，這個是我額外想出來的問題。比如說印尼人，有些人是穆斯林，有些人是基督徒。可是在印尼，還是有印尼本地的，我不知道要用什麼名詞，我先叫神明或精靈好了。那這些他們信仰的本地神明和精靈，印尼人來臺灣工作，這些神明和精靈也會跟著他們來這裡嗎？

千：會啊。

我：喔，也會喔？

千：會。他們有他們的信仰和宗教，他們有他們崇拜的，都會跟著來，沒什麼問題，也不衝突啦。他們帶過來，就是他們心中的信仰。不要去做一些不正當的事，那就沒什麼問題。帶過來不侵害別人，那就沒什麼問題。

我：我在訪談裡面知道，印尼人有一種叫做 dukun 的巫師，他好的可以做、壞的也可以做，做壞事的時候，可能會侵害到別人，你指的是這個？

千：他們的巫師，有的是水準夠，有的是水準不夠，一樣啦。好的巫師，就是幫助人家解決困難的，也有的是做一些不良的事情。

我：臺灣也有？

千：（笑）有啊。

我：所以我以前聽人家說會下蠱，這個還是存在的？所以臺灣也是有好的巫師、不好的巫師？

千：是。這個巫師是原住民才有巫師，巫師是起源於原住民，原住民那邊都稱巫師。

我：對，我知道只是名詞不一樣而已。

千：對。他們巫師也是跟人家，有什麼困難或生病啊怎麼樣，他們都會處理啊。卡到，還是各方面，可以請求巫師處理。

我：了解。所以其實臺灣也是有「會做好的事情的人」和「會做不好的事情的人」？

千：（笑）對，都有。

我：千歲爺爺你有看過外國的神明或精靈嗎？

千：（點頭）。

我：那你們會對話或交換訊息嗎？

千：會啊。

我：會喔？喔~你們會交換什麼訊息？

千：這個無形的跟你們講你們也不懂，這個無形對無形中的，禮貌上的訪談啊，或是路過啊，或是一些信徒有提起一些問題，跟他們要怎麼交談，是我們無形中的事情啦。比如，這個，被什麼卡到，卡到妳聽得懂齁？

我：嗯！

千：嘿，這個被什麼卡到安捏，要怎麼去處理，那我們就是要去跟這個卡到的，這個是什麼問題，要去處理啊捏。當然要去跟祂溝通啊，才能解決他這個被卡到的問題。

我：喔~所以如果他卡到的原因是跟外國人有關，您就會跟外國的神明或精靈溝通？

千：嘿，是地。都要去溝通。那有時，溝通不了也是沒辦法，那你就痛苦一段時間，你就好了。齁，這個卡到就是這樣。能馬上處理就處理，是這麼樣的。像國際間一樣，能處理的就處理，沒能處理的，你就自己去承受痛苦啊，嘿。

我：千歲爺爺你有遇過阿拉嗎？

千：什麼都遇過。

我：什麼都遇過喔？

千：我一千多年了，我（笑），嘿啊，遇到阿拉也跟他拉咧（聊天）。

3

生命中不知道為什麼的事件

移工怎麼都在直播？——在直播的世界裡，還有聲音

二〇二〇年初，當時臺灣新型冠狀病毒確診人數仍在個位數，一開始人心惶惶。二〇二〇年二月二十六日，中央流行疫情指揮中心宣布，第三十二例印尼女移工因照顧案二十七例老翁而確診感染。隔天，媒體開始報導這位移工於隔離時直播，並形容她「搔首弄姿」、「暴露防疫隱私」，導致輿論跟著一起罵這位病人，一位印尼移工。

移工怎麼都在直播？這大概是每個臺灣人都曾經在心中思索過的疑問。

印尼看護伊達來臺九年，她在跨年那晚跟著同鄉好友走到臺北一〇一前擠滿人的街道，拿起手機直播倒數後二〇二〇年的第一發煙火。

跨年後伊達回到雇主家的豪宅，把疲累的身體扔進房間的床。她說隔日早上五點醒來工作的那個家裡，有十二顆監視器鏡頭。對伊達來說，只有她手機的那顆直播照相鏡頭，對於身為移工的她，最自由。

臺灣人對直播的印象是選舉開票、聽星座、看廟會、跟網紅互動。沒有移工。事實上，這群來自東南亞的外籍移工，有著自己的直播世界。我常常看到他們在直播，只是大部分的時候不懂，移工透過直播，要說些什麼？

我在臺灣很好

「我第一次直播是在新豐工廠的宿舍，我打開房間的窗戶，那個海啊，太美了。之後我就開始直播，直播日出五點的光線，或是夏天時候下班看見的夕陽。」印尼朋友妮妮說。我每次看到她，她總是在直播。妮妮在新北市汐止當看護，她在臺灣工作十二年了，換過十五位雇主。每次講起二〇一五年在新豐工廠的辛苦生活，妮妮總是皺起眉頭，但也在那個時候，她開始直播。

妮妮說：「辛苦的時候不可以直播。」

直播是為了讓家人知道她在臺灣過得很好：不是直接講電話跟他們說自己很好，是讓他們看，而且直播時要化妝，要看起來漂亮有氣色。

妮妮每次的直播都不太久，有次直播超過二十分鐘，是不小心醉了。她當時跟朋友在捷運站前喝韓國酒，那時候被臺灣人拍照，她不敢發布出去。「如果我發布出去，一定會有很多人說：天啊，你是女生！穆斯林！這個印尼人會喝酒！」

「我過得很好。」我問了好多人為什麼直播，這是最常得到的答案。大家都跟我說，他們希望別人看見自己在臺灣很好。他們在直播裡，展現自己很好的樣子，透過直播讓人公開觀看，證明「好像真的很好」。

移工怎麼都在直播？

我們常常看到移工在直播，「外勞果然什麼都開直播呀！」、「500外籍移工舞廳嗨翻，臉書開直播露餡！」、「女移工吃火鍋、唱卡拉OK都要直播，害自己GG了」、「臉書還開直播到處玩樂！」如果Google搜尋「移工直播」，總是得出這些字句和新聞標題，臺灣人可以直播；移工直播，就會被說。

莉卡是一位印尼看護，在臺中照顧坐輪椅的阿嬤，必須整天不離阿嬤身邊。在莉卡的一次直播中，阿嬤在火車月臺旁坐在輪椅上，頭戴粉色毛帽、裹著橘色圍巾，身上穿戴得五彩繽紛，被莉卡打點得年輕。阿嬤在直播裡跟一位路過的印尼小哥擊掌，莉卡在鏡頭後面把這個景象直播上傳。

莉卡喜歡跟阿嬤出去玩的時候直播，她拍花、拍自己。平日跟阿嬤出門復健的時候，她也喜歡拍這位看到鏡頭就會比讚的阿嬤。

莉卡除了自己直播，她的臉書裡每天也都會有其他移工朋友直播，她會滑一下、點掉，只是看一下大家在幹嘛，「大家沒什麼（事）都在直播，哈哈哈。」

二〇〇八年臺大社會系教授藍佩嘉出版的《跨國灰姑娘》一書中提到，手機創造了一個虛擬世界，讓移工建立網絡、聯繫家庭，或追求愛情。當時的手機只能通話和視訊，二〇一六年臉書開啟直播功能，比視訊更具公共性，不只一對一視訊，而是大家都看得到。從那時開始，我常常看見熟識的印尼朋友直播，他們直播日常、休假生活，還有每一個我不理解的時刻。

對我來說，開臉書直播很尷尬，不知道要跟誰說話，我一直很好奇：為什麼這群在臺灣的東南亞移工，這麼喜歡直播？

每週日的臺北車站大廳可能是移工直播最密集的地方。我觀察到在這裡幾乎是五個人中就有兩個人在直播。直播內容可以是吃美食的一瞬，也可以是不講求構圖的漫遊走。在臺北車站的直播，只屬於可以休假的少部分移工，大部分移工的直播，是發生在日常的每個時刻，在各地雇主家的廚房、小公園，和睡前的床。

據勞動部統計，截至二〇一九年十二月，臺灣目前東南亞外籍移工人數接近七十二萬人，其中印尼移工人數占比最多，高達二十七萬六千人，從事社福工作者七十二%，產業工二十八%。在臺看護工不受勞基法保障，勞動部二〇一九年統計，近九成外籍看護工無法固定休假，五成僅有「部分放假」，而且有三成四的看護工不曾放假。在這樣的工作環境下，移工人身自由受到限制，用手機直播，因而成為一個人際溝通、自我抒發的出口。

直播是一種喘息

有趣的是，二〇一九年勞動部的統計中，外籍家庭看護與臺灣雇主工作有困擾者，統計原因第一名為「語言溝通困難」，第二個原因是「愛滑手機、聊天」，占比四十九％。直播，大概也在這個選項裡面。

也對，如果在大街小巷看見一位長輩與一位外籍看護工，那位外籍看護工大概手機不離身，時時低頭。她低頭看手機的頻率很高，像呼吸一樣。

手機對移工來說，是工作生活中的喘息。

「老闆對我很好，我有事才會放假。直播都在外面，不會在家裡。」莎莉媽媽四十五歲，在北投照顧一對阿公、阿嬤，平日她會帶阿公、阿嬤去醫院拿藥和復健。在走到醫院的路上，莎莉媽媽常常開直播。

莎莉媽媽的中文說得條理分明，她條列了自己直播的原因。第一，她在臺灣很好，照顧的阿公健康；第二，分享她照顧老人的方法給同鄉；第三，莎莉媽媽朋友很多，她直播她帶阿公、阿嬤去復健和看醫生的路途，是要跟大家說：「我在忙，看我直播就好了。」

她拿起手機，給我看她某次直播的照片。照片裡她帶著阿公、阿嬤到陽明山踏青，讓阿公和阿嬤襯著野餐墊，蓋著毯子、撐雨傘入睡。「因為我怕有鳥鳥大便，或是掉下來的樹枝，冬天山上風大，我直播告訴大家，在臺灣怎麼帶老人家去爬山。」

沒什麼人看莎莉媽媽的直播，但她還是每天直播，我覺得比起她跟我說的直播原因，她直播比較像是工作時的喘息。即使雇主對待再好，合作愉快，直播可以暫時脫離現實，在直播的網路世界裡透氣呼吸。

阿娣也是這樣。

阿娣是一位印尼看護，今年五十歲，她在臺灣照顧一位身障朋友小傑十一年。阿娣的中文流利，跟小傑感情很好。她與小傑睡同一個房間，協助他行動、翻身，和生活上的大小事。他們像緊緊相依的母子，只不過阿娣還是需要在直播的網路世界裡，稍微休息。當阿娣直播的時候，她在鏡頭裡的姿態和聲音，好像舒服了許多。

阿娣每天的直播鏡頭裡是她在後院種的小花、青菜、九層塔、木瓜，「因為它們很可愛，所以我直播。」阿娣說她在臺灣沒什麼朋友，後院裡的植物是她的好友，她白天、夜晚都會直播，看花草茁壯。她說，近期的新朋友是一株不知道名字，一晚會長十五公分的藤蔓植物。除了植物好朋友，阿娣也會直播分享做菜祕訣給她臉書上的朋友，她常常結束直播後接到電話：「姊姊剛剛那個怎麼做？教我！」

「但我就有麻煩。」阿娣照顧的身障朋友小傑在一旁笑著說。每當阿娣和小傑在外走動的時候，阿娣有時也會直播，小傑習慣了阿娣的直播，但是其他家人並不同。小傑說他和阿娣出門的時候，媽媽會在臉書分享阿娣的直播，但是阿娣一直播，他的手機也會一直響，爸爸或媽媽會傳許多則訊息，問他在哪裡、做什麼事。

為什麼我阿嬤在你直播裡？

阿娣和莎莉媽媽的直播裡有被照顧者；被照顧者並不一定都知道「他們被直播了」。「我看到的時候，一開始滿衝擊的，阿嬤一定不知道自己被拍。」蔡雅婷從事移民工文化工作，也是移工的雇主。家裡有一位二十歲的印尼女孩在老家嘉義幫忙照顧阿嬤，蔡雅婷和印尼妹妹加了臉書好友，可以在臉書上看見直播。她說妹妹的直播，常常拍到阿嬤。

「我阿嬤怎麼在妳直播裡？阿嬤一定不知道自己被拍。」蔡雅婷說，她一開始會有疑惑，「但是後來我在想，我自己不也一樣，會默默拍我阿嬤。」

「我在她的直播看見阿嬤，一方面覺得衝擊，一方面滿開心的。她不是只是拍自己，她是在意我阿嬤，有把阿嬤放在心上，所以拍她。」蔡雅婷說，她在臺北工作忙，只有阿嬤住院的時候，才會回嘉義看阿嬤。看著妹妹的直播，好像在阿嬤身邊。直播裡可以看見阿嬤的狀態，是不是還健康，可以有餘力碎念。

但還是有許多人，不喜歡移工直播。

「我接過因為直播被遣返的。」Amanda（阿曼達）說。她過去是移工，現在是新住民，她在桃園群眾協會的庇護中心工作，幫助有勞資糾紛的移工。

阿曼達處理過幾件廠工在工廠直播，被同事舉報直播而被遣返的案例。她說，在這些例子裡，工廠規定工作中不能直播洩露機密。但她認為，有時直播只是藉口，更深的是歧視，或暗地裡的同事爭鬥。

我問阿曼達怎麼看大家直播。她說看狀況啊，她舉了二〇一八年的一則新聞為例，當時新聞裡女移工直播自己一邊照顧病床上的阿公，一邊跳舞。當時那則新聞引來一片謾罵，罵那位移工沒禮貌，「我不是說誰對誰錯，可是如果從她的角度想，她是不是一天二十四小時、一整年三百六十五天為了照顧阿公，都沒有休假？她是不是壓力很大啊，所以用直播抒發情緒？」

蔡雅婷也說：「她（印尼妹妹）的生活滿無聊的，我會在直播裡看到妹妹在我房間裡下腰。」蔡雅婷說，印尼妹妹少有休假；當移工的生活圈只在家裡，直播可以跟朋友分享生活。

然而，也有些人，直播裡沒有阿嬤或雇主。他們不敢讓雇主知道自己在直播，但即使偷偷摸摸，也要直播。直播對他們來說是網路世界的庇護所，是跟同鄉朋友資訊的傳播，是彼此支持的網絡。

直播是彼此支持的網絡

「我每個星期一、星期三晚上九點直播。我告訴大家最新的勞資訊息，遇到困難可以怎麼找人幫忙。」

小翠住在基隆，照顧高齡九十一歲的阿公，阿公身體還硬朗，小翠工作時間彈性，能夠時常出門，協助同鄉的朋友在工作上的糾紛。小翠在印尼移工的社群裡，很受敬重，朋友都用印尼語稱她Bunda（女士之意）。她有一臺二十四小時網路不能關的平板電腦。我曾經看過她電腦裡的Line介面，訊息回不完，許多人要找她幫忙。

小翠家裡的廚房是她的辦公室，放了書，也是直播的場所。當她要直播的時候，會跟阿公說她要「上課一下」，然後開直播，解決大家的疑惑。小翠每次直播一小時，最多會有兩千人同時在線上觀看，她說這些人大部分自己也不認識，但是來自很多地方，她說，在直播的時候，觀眾們會留言：「臺南來了！高雄來了！很可愛這樣。」

在庇護中心工作的阿曼達也會開直播讓同鄉的朋友諮詢解惑。她每週一次在協會辦公室開直播，一開就有三百位觀眾收看。直播結束後，最多曾有六千人看過。

我驚訝於小翠和阿曼達所說的觀看人數，對我這樣不曾在臉書上直播的人來說，這些數字著實難以想像；但我也在這些數字之間，理解了移工對實用資訊的迫切需求。

感覺自己真實存在，因為還有聲音

所以，移工的直播真的是因為自己過得很好嗎？有次訪問後，我陪「直播說在臺灣很好」的妮妮搭火車回家。

我跟妮妮一起搭上晚間十點的區間車，週末夜晚要回家的人很多，沒有位置的我們站著。她已經習慣臺北這樣搖晃的區間火車，站著沒有握扶手。

我問妮妮，她坐車回家的時候也直播嗎？「會啊，我的雇主是我的臉書好友，我有時候也會直播讓他知道我要回家了。」不過，她笑了一下說，但是有時候也想保有隱私，臉書可以限定直播觀看的對象。

二〇一九年十一月十六日我訪問妮妮。二〇二〇年一月四日，妮妮照顧的阿公過世。我看見妮妮在臉書貼出一段她與阿公開心歡笑的影片，她在貼文裡打上：「阿公一路好走。」我問她還好嗎？她用中文回覆：「我很好。」

阿公過世隔天是週日，本來是移工和好友們在臺北車站開心相聚的日子。那一天晚上的十一點半，妮妮一個人在空蕩的臺北車站月臺直播，月臺沒什麼人，直播畫面裡駛過幾班區間火車，有時是妮妮失神的臉龐，畫著完整的妝。

在那天的直播裡，妮妮對著鏡頭、空氣、火車講話，獨自講了二十幾分鐘，她的話語混雜著印尼文和爪哇語，有些話我聽得不是很懂。但以我僅有的印尼語彙，我聽得很清楚，她直播裡說的不再是自己很好，是她「現在，只有我一個人。」

「Aku sendiri.（我一個人。）」除了這一句簡單的印尼文之外，她說的爪哇語，我聽不懂，只能開著電腦，聽著她講話的聲音。

聲音。此刻的妮妮說著母語。我終於懂了。你聽：

說母語是世界上最療癒的事情。

當臺灣人看移工直播，我們常常想到他們暴露了被照顧者的隱私，或洩露工廠的機密，還有人因為直播，被遣返回國。但其實移工直播，是因為那是連結，在直播裡舒服地說自己的語言，表現快樂、展現自由，和同鄉朋友在網路上互助支持。移工是孤鳥，孤鳥在飛行的時候，直播可以讓他們脫離現實，在網路的世界裡回巢、透氣呼吸。

直播不一定代表自己真的過得很好。但是當移工直播的時候，他可以說話，表達自己。那一刻才終於不是一枚勞動力，而是個完整的人。因為在直播的世界裡，還有聲音。

（本文於二〇二〇年二月二十七日刊登於《聯合報願景工程》）

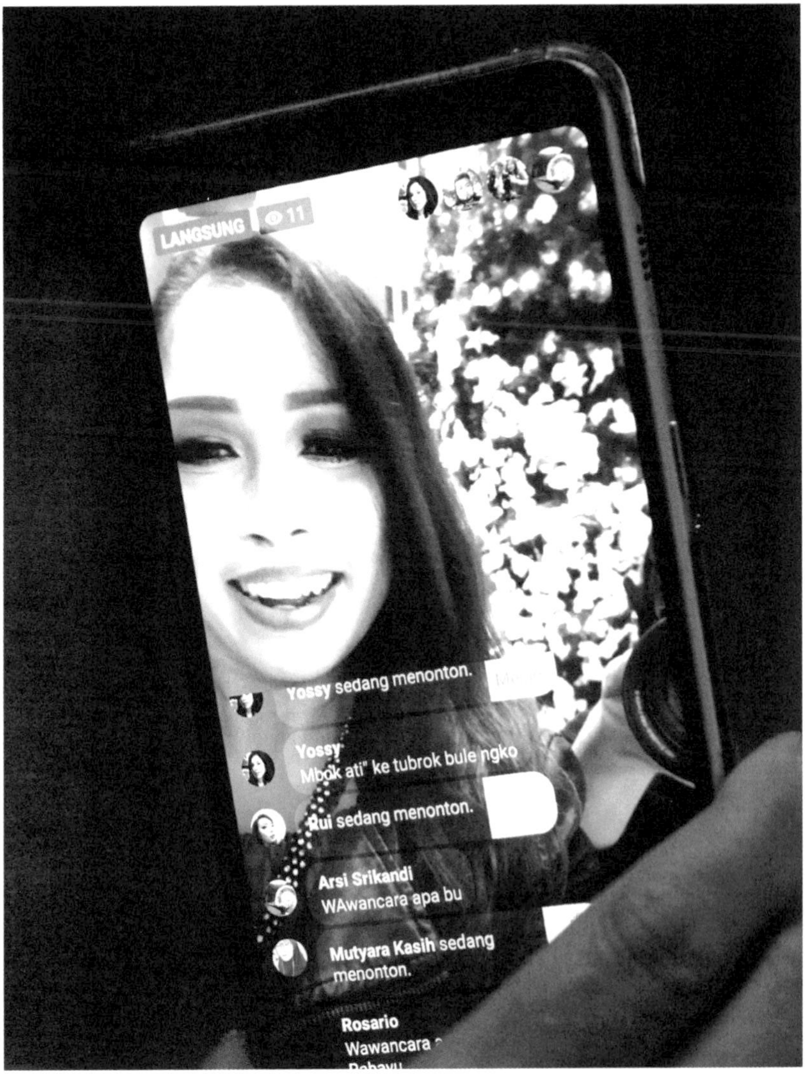
LANGSUNG
11
Yossy sedang menonton.
Yossy
Mbok ati" ke tubrok bule ngko
Rui sedang menonton.
Arsi Srikandi
WAwancara apa bu
Mutyara Kasih sedang menonton.
Rosario

跳舞的一天

她說她一個月只有休假一次。

休假那天，她卻也清晨五點起床、匆忙跟朋友相聚弄妝髮，傍晚，她上臺表演了五分鐘，下臺，然後又趕回雇主家裡。她與她一個月一天的休假日就這麼過了，她們去選美、去跳舞、去表演。

不會累嗎？為什麼不選擇泡溫泉舒壓、癱軟在床上，或是走一走，真正地放鬆？

那是一個尋常的平日下午，Rita（芮達）推著照顧的阿公去公園散步，阿公與鄰居們坐一排輪椅談話，順便伸展一下筋骨。長輩的看護們也坐一旁，低頭看著手機，芮達也看著手機。下一秒，她點開一個 Youtube 影片，忽然起身。她動一動長日照護久坐的臀部，右手臂隨著音樂緩緩上升，她抬頭，大眼睛注視著天空，指尖對著空氣叮鈴點了兩下。

在這個五股住宅區內的小公園，芮達擺動起雙手。她開始跳起一支印尼傳統舞蹈，手機的小小音樂聲埋沒在阿公們的交談之中。

下個週日休假，芮達將要和她的朋友們上臺跳舞。

舞團：因為放假不知道可以做什麼

五股工業區人少，住宅區平日只剩下公寓裡的長者與他們的看護，芮達二〇一二年來臺灣，第一站就是五股。剛來的幾年沒有休假，兩年後照顧的阿公過世，她轉而照顧起家裡身體比較硬朗的阿嬤。阿嬤不用終日相伴，來臺灣第二年，芮達開始有休假。

五股離臺北城中心遠，她聽說像她一樣可以放假的移工，假日都去了城裡。放假可以做什麼？她似乎沒有想過這個問題。兩年都待在雇主家，她自然也沒有體會過週日臺北車站大廳移工群坐的盛況。在臺北的第二年，芮達才去臺北車站，學習移工都怎麼放假。

她摸索著如何搭公車轉捷運，才到達每個外國人都會迷路的北車；她迷路了半晌，才走到Y區地下街的印尼商店。她說她在那裡看到了一份《INDO SUARA》雜誌，那年手機網路吃到飽還未普及到人人都有，也還沒有直播。印尼商店販賣的印尼雜誌只在臺灣發行，這些雜誌就像專門給異鄉人的紙上休假指南，指引像芮達這樣好不容易休假，卻不知如何是好的移工。

芮達買了一份雜誌坐在大廳，埋頭閱讀，將手機丟在一旁。雜誌裡有移工寫詩留下電話期盼交友，有電話卡廣告、移工活動預告，還有，芮達看見了印尼空中大學的招生廣告。廣告中「在臺灣工作也可以上大學」的標語打中了芮達，她高中畢業就來臺灣，在這裡也能上大學嗎？

芮達二〇一四年開始在印尼空中大學上課，平日晚上她開啟手機聽課，每兩週再到臺北車站接受老師指導，每三個月還會在臺北車站一處空間，跟同學一起考學期期末考。她的休假日有一點不一樣了。她在空中大學認識了也住五股的英塔利，她們在臺北車站下課後，總是一起搭火車出城，回到靜謐的五股。英塔利大她十多歲，像個姊姊，但芮達用爪哇語叫她「si mbok」（媽媽）。

不知道放假還能做什麼，芮達也加入了英塔利和同學們成立的舞團「Uters」。二〇一六年，芮達終於比較知道怎麼放假。跳舞，也成為她放假的日常。

晚上回家，「Line～。」Uters舞團的群組鈴聲響起，另一位舞團的成員Lita（裏大）傳來了她在宿舍單人床前拍的跳舞影片。大家都各自在家練習，為了星期天的表演，要加緊練習才行。

裏大和芮達生日差兩天，兩人今年都剛滿三十歲，常在舞團裡被說是雙胞胎，她們的家鄉都在印尼萬隆，但是兩人個性不太相同。裏大會說，芮達講話比較「sai-nai」（撒嬌）一點，她自己則有點大方，問她為什麼跳舞，她說沒有啦，只是亂搖屁股。

裏大說她以前是個安分的小孩，她十三歲爸爸過世，家中經濟頓時無所依，她們當掉爸爸在蘇門答臘的地，供家裡過日子。裏大二〇〇九年來臺灣工作，為了拿回家裡的地。

她第一份工作在雲林斗六。她說當時中文不通，在雇主家的透天厝中，每天晚上八點到十點，老闆轉電視要她看韓劇兩個小時。她聽著韓劇的中文配音學中文。那時候臺灣播的韓劇還不是《愛的迫降》這種類型，是《妻子的誘惑》、《大老婆的反擊》。看越多韓劇裏大的中文越來越好。

雖然可以看韓劇學中文，但是裏大還是一位移工，她在雲林三年沒有一天休假，期滿轉換雇主回家前，她才經老闆同意安排了一個兩天三夜的臺北小旅行。她到臺北，說什麼東西都好新奇。她跟臺北車站前「**死掉的火車**」拍照，「這裡好多車，好多好吃的東西。」她在臺北看到什麼都拍照，寄回家裡。來臺灣三年，像是一位什麼都沒見過的觀光客。後來她再簽一次合約，她到臺北大坪林的安養院工作，開始有休假了。昔日相片裡臺北的亮麗大樓燈光、神奇小吃墨魚義大利麵，逐漸成為一成不變的日常。

裏大在臺灣工作幾年賺了錢，爸爸的地拿回來了，也幫家裡蓋了房子，願望都實現了，忽然不知道要做什麼。要回家嗎？但是這個年紀回印尼要結婚，在臺灣一個人挺自在，她不想回去結婚被老公管。她決定繼續待在臺灣。

二〇一四年裹大開始去空中大學上課。她去臺北車站上課時，聽說學校裡有一個舞團。舞者在當時是學校裡的風雲人物。她們週末會去跳舞表演，打扮得漂亮。裹大在臺北車站的一間小教室，看到了她們。她一開始害羞，（可以跟她們一樣嗎？），心裡有話不敢說。

一年後，裹大提起勇氣，跟英塔利說想一起跳舞。「妳拍個 video 來給我看看。」英塔利這樣跟她說。裹大回安養院宿舍試著自己拍了影片。但是太害羞，不敢讓影片見人，「我怕丟臉，對方是學校的風雲人物啊。」

兩週後臺北車站下課間，英塔利問她：「妳的 video 呢」，她說太忙了，真是不好意思。英塔利說，不然妳跟我們一起跳一次看看。這一年在旁觀看、前幾週在宿舍久練的舞蹈終於派上用場，裹大跟她們一起跳了一次，一旁有朋友側錄下來，英塔利看了影片，「這個新來的妹妹，跳舞怎麼跟蟲一樣。」裹大低頭臉紅，「我亂搖屁股而已。」

裹大獲得了進入 Uters 舞團的許可，放假從此多了一點期盼，在學校走路有風。

「嘿，各位練好了沒？」英塔利總是在 Line 傳訊息叮嚀，下星期的跳舞，皮要繃緊。

「媽媽，我還在練啦。」

英塔利在印尼時，高中畢業就結婚，是三個小孩的媽媽；在臺灣，她沒辦法當自己小孩的媽媽，就當大家的媽媽。她說大兒子在雅加達讀大學，今年二十五歲。

英塔利一九七七年生，家鄉在印尼北海岸的一個小城 Batang（巴當），距離芮達和裏大家萬隆的家車程五個小時，但她十七歲結婚的時候，芮達在萬隆才剛滿三歲。她提起結婚，是因為父親有三位太太、十二個小孩。她是她媽媽的第一個小孩，她嫁給一位喜歡她的三十歲鄰居，希望老公能一起照顧她三個弟弟。

不過，英塔利一下子就發現老公不中用。先生沉迷賭博，她自己開早餐店養家，小孩已經出生，她紓解壓力的方法是參加地方媽媽的團體 Dawis（Dasa wisma）。那是一個印尼鄉村的年輕媽媽社群，十個家庭為一單位，媽媽團體常一起在晚上成群跳舞，當鄉野間噹嘟音樂響起，媽媽們舞動身體，好像把她面對無所事事的老公、撫育持續出生的孩子的壓力，揮灑汗水，暫時忘記。

孩子日漸長大，二〇〇七年大兒子十歲的時候，英塔利決定來臺灣工作。她第一份工作是在新竹照顧阿公，三年都沒有休息，她也沒有手機可以聯繫家人，唯一在工作中的喘息是晚上出去倒垃圾。在倒垃圾時，她在巷口終於認識了印尼同鄉，她會提早去等垃圾車，跟她們說母語、以爪哇語談天。她在垃圾車朋友群裡認識一位跟她同住一棟公寓的印尼看護瑪麗，瑪麗住四樓，她住二樓，每天早上七點，英塔利在陽臺晾衣服的時候，「咻！」瑪麗從四樓丟下一張紙條：「今天老闆罵我，好難過。」「沒關係，不用怕，阿拉保佑你。」英塔利寫好紙條，晚上倒垃圾時再交給瑪麗。許多年過去，英塔利轉來臺北五股工作，開始可以放假了，她說永遠不會忘記瑪麗。

二〇一二年，英塔利想跟老公離婚，她用印尼俗語說，她不想總是當一個 istri solehah（聽話的老婆）。

那年，英塔利到了臺北車站的印尼空中大學上課，她和同學看臺北移工活動多，不同國家都有，她看到菲律賓移工會組團跳 Popping，這個對媽媽來說太刺激，她們想，有沒有什麼比較特別的可以做。她想起在印尼時她也待過媽媽舞團，於是二〇一二年，她和其他兩位朋友一起在大學組了 Uters 舞團，跳印尼傳統舞蹈。九年後，現在 Uters 舞團一共有十一個人，包含了英塔利、芮達、裏大。

她們說組舞團不難，只是每個人休假時間不同，最難的是約時間練習，「而且有一陣子，全部 Uters 的人都有男朋友，約時間更難。」

練習：平日看 Youtube，一個月練一次

當面練習這樣難，還好現在二〇二一年，大家都有手機，能拍影片上傳群組，網路的世界讓頻繁練習有了可能。芮達說，跳舞最重要的是美，美包含舞蹈肢體、服飾、妝容。在印尼每個地區和小城，有不同的傳統舞蹈。小時候老師說，在她們的故鄉爪哇島學習舞蹈、音樂，像是學習如何成為一個爪哇人。

在臺灣，她們選比較簡單的舞蹈跳。芮達在 Youtube 挑選這次跳舞的影片，同一支來自西爪哇的 Genjring party 舞，Youtube 影片裡的場景就有印尼、日本、韓國、英國，估計是到那裡的工作或結婚的印尼人跳的，如果這次 Uters 舞團跳完也上傳，那麼就還有臺灣的版本。印尼傳統舞蹈多半節奏緩慢，她們喜歡選跳動感一點的，「像裏大一樣亂搖屁股」，工作一週後，跳舞就要奔放一點，不然怎麼紓壓呢。

在臺灣跳舞，印尼傳統舞蹈還是要找衣服，每支舞有特定的傳統服裝，英塔利會上

網網購，請親戚寄來臺灣；不可能全部都用寄的，她們閒時就在臺北車站地下街逛著找相似的衣服；再有些找不到怎麼辦？下週日跳舞的皇冠，她們自己拔雞毛撢子做。

她們每次跳舞，服裝都是東拼西湊的。今天跳一支西爪哇的舞，上衣可能從西爪哇網購空運來臺，下身裙子是自己縫的，耳環來自臺北車站地下街。她們有一位朋友Melati（麥拉蒂）會來看她們跳舞。麥拉蒂過去是印尼宮廷舞者，現在讀臺北藝術大學的舞蹈博士班。麥拉蒂說她看到她們跳舞好奇怪，不知道她們跳的到底是什麼，衣服也不正規。她的研究裡說，印尼移工在臺灣跳的舞，是一種次文化，跟印尼不一樣，可是她們還是爪哇人。

從Youtube影片學習的舞蹈，與上流社會的宮廷舞蹈必有出入，但移工不在印尼，在雇主家練習時間緊縮，可以跳就好了，這個手勢不會，偶爾可以變換一下動作。

平日的工作日常中，芮達睡前看影片預習，英塔利的阿公白天看電視，她在一旁看影片跟著跳。裏大沒辦法，她說她看影片跳不起來，一定要先當面練習，才能跳得比較順利。

當裏大在安養院宿舍裡，試著對著手機螢幕擺動身軀，她發現她跳不出來，安養院晚班的室友剛下班，在上鋪露出兩隻眼睛，看著她尷尬的肢體，室友問她為什麼還要跳舞？她說跳舞的過程也是在認識自己，跳舞重要的是當自己。她說跳舞的時候不用成為別人，因為那沒有自己的樣子。「你看芮達跟我不一樣，我們不會成為對方，我們就是我們自己。」自己，不要當別人。

她們都是看護，不過跳舞也讓每個人都認識了自己。

舞團裡裏大、芮達、英塔利比較常休假，當她們好不容易安排到當面練習的時間，舞團成員們從苗栗、臺中、高雄的雇主家北上，一個月就練習那麼一天。

練習的那天，成員們各自坐客運上來；裏大、芮達、英塔利也請好了假，從臺北城的四方聚集到臺北車站。她們的目的地不是週日移工坐著的大廳，是臺北車站的地下街Y區的大鏡子。後來地下街的日韓商展變多占據了位置，她們改去中山地下街的鏡子。她們就在那些地下街鏡子前練習跳舞。練習前，得先吃飯。

「每次練習跳舞啊，花最多時間的都不是跳舞，而是聊天和吃東西。」

練習那天因為朋友從四方來，通常中午才會面。英塔利不用如同上班日一樣早起，但她同樣五點就起床料理，清晨天未亮，她點亮雇主家的廚房燈光，窗戶開著，一片夜色裡的這盞燈光，在窗邊傳出了令人想打噴嚏的辣椒味道，「啊啾！」英塔利自己也打起了噴嚏，在臺灣待久了，耐辣的鼻子漸變得遲鈍起來，今天要煮得很辣，因為有很多朋友會來，她們在等媽媽煮的午餐。

早上十點，芮達從五股搭公車，裏大從大坪林上捷運，公車與捷運上，她們握著扶手，看著窗，在想待會要去印尼街買什麼點心。她們相約十一點到，一起在地下街的INDEX商店會面，商店一早就批了一些移工或新住民做的炸物、糕點，顏色有綠有紅，跟難得的假日一樣繽紛。她們一起提籃子一個個的掃過蝦餅、點心，沒有在看價錢。這樣夠嗎，再多買一點。

中午十二點，高雄的朋友最早到，坐了五個小時的客運到臺北，她前一晚在家裡炸的香蕉冷掉了，在表皮浮出一層油水。芮達和英塔利一起提著兩袋INDEX商店的紅色塑膠袋走來，兩人瀏海都是妹妹頭，這樣看著還真像雙胞胎。英塔利最晚來，她煮了一桶印尼薑黃飯和一大堆配菜，還有一碗打算要辣到過癮的辣椒醬，她因為東西太多，搭計程車來。

「makan makan」（吃飯、吃飯），吃了飯才有力氣跳舞。她們邊吃飯邊聊天，說你那個影片動作不標準，等一下看我練。今天五個小時的聚會，她們坐在地上，一面聊天一面吃了兩個小時，肚子有點撐的坐在地上，啊，好不想動啊。英塔利先起身收拾，她們看媽媽動了，還是爬起來動一動吧。她們一起跳舞練習一小時，看影片一個動作一個動作拆解，跳完舞，喜孜孜的覺得今天重要的事結束了，可以拍拍抖音影片，在臺北地下街逛逛。

儘管有些人還跟不上動作，服裝有時還沒搜集完全，幾位成員那月沒能休假一起練習。幾個月前早已敲好通告，跳舞的那天，還是來了。

跳舞的一天：舞臺裡的世界

Uters 舞團的演出通常由英塔利接洽，媽媽兼任媽媽桑。從一開始二〇一二年，就有一些印尼社群像是ＩＮＤＥＸ、INDO SUARA 的商業公司週年慶表演會邀請她們跳舞，這些公司開印尼商店、賣電話卡、提供寄貨服務，顧客都是印尼移工。為了熟絡社群，週年慶的時候，也請這些在社群裡比較有名的移工樂團、舞團表演。

芮達說有一次INDO SUARA的周年慶，他們找了在印尼當地媲美臺灣蘇打綠的樂團「Wali」來臺灣。當時芮達跟Uters舞團也一起在同一個舞臺跳舞，她看她自己是看護，但是可以跟明星同臺，為什麼跳舞，好像就是為了那樣的感覺吧。

二〇二〇年十二月二十日，我跟著Uters的成員們一起搭捷運到中正紀念堂，我們一起走到牯嶺街小劇場準備表演。她們這次跳舞是麥拉蒂邀請的，觀眾都是臺灣人。麥拉蒂這天要對著臺灣觀眾發表她的論文，也一起邀請Uters舞團跳舞，整天的論壇活動都在談移工。

我穿梭在後臺更衣間，更衣間用一面厚重的黑布隔住舞臺，只有女生才能進來。她們先在家裡畫好了妝，開始穿脫衣物。有些印尼傳統舞蹈必須露出肩膀與手臂，這些女性都是穆斯林，跳舞前要先與自己的宗教協商。她們脫下日常時總穿著的長袖、頭巾，開始穿起馬甲，露出臂膀。

我看見了她們的身體。她們說一開始來臺灣還是少女，都很瘦，但是來臺灣一段時間，因為看護的工作需要一直待在家裡：裏大整天在安養院，英塔利和芮達比較幸運，會推著阿公去公園散步，但公園就在家門前。久坐與久站，時間一久便堆積出肚子、蝴蝶袖與臀部的贅肉。我看著這些社會標準裡不盡完美的身體，這是勞動的痕跡。在這個後臺狹小的更衣間，英塔利看見我看到了她的身體，揶揄自己是胖的，我不這麼覺得。

芮達說，跳舞是要追求美。當大家換好衣裝，我拍了相片，我拍到相片的那些自信的神情，那個身體不是美可以形容的，除了空虛的形容詞以外，還有更多東西。

我跟其中一位 Uters 舞者搭話，她的眼睛閃亮透著光，但有點害羞。我問她多大，她說她今年三十八歲，有個十九歲的兒子，她問我，我有幾個小孩。

舞臺裡的世界，是一場夢。

接著她們上臺。英塔利拿著麥克風，對臺灣觀眾介紹她的服裝，這個是西爪哇的，這個是東爪哇的，當她拉著她的耳環，說這個是臺北地下街的，臺下觀眾笑一片。

臺下坐著都是臺灣人，Uters 舞團的朋友們在最後方站著，拿起手機開相機錄影，音樂響起。

音樂響起。芮達、裏大和英塔利跳同一支舞，她們一開始忘了排序，在臺上一陣慌張，英塔利熟練地笑瞇瞇轉頭，跟觀眾說，對不起我們很緊張。

芮達剛開始跳舞時面露焦慮，一直低著頭；裏大看得出來很陶醉在可以扭屁股上；英塔利從頭到尾嘴上都掛著笑容，一抹大紅色的口紅特別顯眼。跳舞時英塔利噘起了下嘴唇，「唰！」一下使勁的掀開扇子。

另一位獨自跳一支舞的舞者，則是很緊張，過程中扇子掉落在地面上，那一秒她偷笑了一瞬，閉上眼睛，大力地深呼吸一下、兩下，讓心情平靜一點，她隨著練習時早已熟絡的音樂，起身翻轉身體，撿起扇子，眼睛才終於睜開，她也「唰！」一聲用力打開扇子，自信地看向觀眾。

我記得英塔利曾經跟我說，跳舞最重要的是要保持笑容。她說生活像是戲劇，雖然自己不盡然過得那麼幸福，但跳舞的時候要笑，一笑看起來你就過得很好。在後方幫她們錄影的朋友，一邊舉著手機錄像，另一隻手默默伸起，對臺前伸出大拇指，她們看見了。

音樂結束，練習了三個月，就為了這五分鐘。她們害羞的匆匆轉身，像是落跑，笑咪咪的摸著上一個人的背，默默踮著腳尖，走入舞臺後方。

我繼續在前臺聽了一陣子麥拉蒂的演講，才走回後臺。在後臺，她們早已脫下難耐的束腹、馬甲，背上整身是汗。英塔利正在幫剛剛掉了扇子的朋友脫下束腹，我問她，感覺怎麼樣。

她噘起了嘴巴，「很舒服。」呼出一口氣。

下午五點的後臺更衣間，她們幾乎都已換回了平日穿的T恤，戴好頭巾，許多舞者來不及卸妝，就穿上大衣外套，拎上包包，各自要趕去搭捷運、客運，回家照顧雇主。她們收拾衣裝，準備離去，舞臺前的其他講者繼續用中文演講談移工、談勞動、談假日休閒場域。

在後臺的黑色布幕後方，我忽然有一種感覺。我看著她們匆匆忙忙收東西，互相握手道別的時候，前臺講著移工什麼樣的論述、移工被討論，但移工離開文本後，就還是得面對後臺的現實生活。後臺的她們跳完了舞就跟前臺沒有連結。前臺的臺灣講者，就像我自己這樣的臺灣人，談著自己對移工的觀察。有時候移工真正的生活，距離這些論述很遙遠。

英塔利等一下還要趕去朋友家掃地打工，對英塔利、芮達、裏大來說，她們更在乎剛剛舞跳得好不好、等一下雇主要她們幾點回家、還有早上買的卡拉雞吐司吃了一半，在包包裡冷掉了。

舞臺的夢結束了，還是要面對生活。

跳舞的一天結束後：回歸日常

那晚，Uters 舞團的舞者有些人很晚才回到臺中、高雄的雇主家，她們疲憊的這天都讓她們一下子就睡著了，或許做了個跳舞的夢。隔天早上六點四十五分，手機鬧鐘的嗶嗶聲一聲一聲打入了裏大的夢中，夢裡的陽光慢慢消失，她睜開眼，眼前是宿舍上下鋪的床板。再睡一下，她抱著棉被，想了一下昨天是剛跳完舞嗎，直到意識完全認清她在安養院的宿舍床上、今天是什麼日子。

五分鐘後，她跟安養院早班的十八位看護一起排隊等著梳洗，到四樓交班。那層樓，包含她的四位印尼看護照顧四十多位長者。

晚上八點下班後，她癱軟趴在宿舍床上，滑開手機，Uters 舞團的 Line 群組早就被一張張親友幫忙照的相片洗版，裹大一一儲存下來。這一整週，每晚下班後，裹大都在臉書上貼一張那個週日跳舞的相片，這是她跳舞的快樂。

這一週，裹大、芮達、英塔利每晚下班後，或是下午工作的空檔，都在分享跳舞那天的相片、影片，快樂停留在跳舞的那個瞬間。相片裡，時間把跳舞的她的身體凝固在其中，快樂延續在停滯的時空裡，讓人暫時還可以，還可以繼續工作。

真的這麼喜歡跳舞嗎？芮達跟我說，她以前在印尼的興趣其實不是跳舞，是打籃球。但是在臺灣，移工的運動比賽都是男生的，女生只有跳舞、選美。跳舞是為數不多的選擇，「所以我也把跳舞當成運動。」

她們是這樣等待下一個，跳舞的一天。

流星花園

她告訴我，她在印尼時曾經看過流星花園。我才知道，流星花園也是來她臺灣的理由。

但是身為小學二年級就戴眼鏡的電視兒童，我知道在電視關掉之後，我不會變成漂亮的珍珠美少女，也不會有高富帥的完美男人，熱烈追求我。而她是這麼帶著期待，來到了臺灣。

期待與落空，是必然的嗎？

這是印尼版《流星花園》的故事，二〇〇一年改編自日本漫畫的臺灣電視劇《流星花園》紅遍臺灣，熱潮也蔓延到印尼、菲律賓、泰國。故事的主角是《流星花園》的杉菜，和在印尼出生長大，少女時看了《流星花園》的印尼人伊達與蒂蒂。我在臺北認識伊達與蒂蒂，她們說看了流星花園，覺得臺灣好美。

少女伊達與蒂蒂長大了，她們來到臺灣工作。她們關掉電視，這是她們的流星花園故事。

杉菜來自小鄉村

伊達是位在臺灣工作九年的印尼看護，來自東爪哇省的 Malang（瑪琅）。她平常沒戴頭巾，喜歡穿長版上衣，長髮及肩，看起來就像個年輕的臺灣人，不過眼睛的眼袋露出層層細紋。她喜歡周杰倫和林俊傑，說來臺灣工作，「因為對臺灣有感覺。」來臺灣前，伊達對臺灣的印象是鄧麗君、郝劭文，還有《流星花園》。

《流星花園》在印尼播出時伊達讀國中，她留著長及大腿的頭髮，這是當時小女生最夯的髮型。她用指尖指向眉上的黑髮，說當時喜歡別個小夾子，「同學都叫我杉菜。」三十一歲的她輕輕用手遮住嘴巴，放聲咯咯地笑。

她記得，看流星花園的時間是每週六晚上八點，因為她家的小村莊不是每戶都有電視，播出《流星花園》的時間一到，她便跟著同學擠到鄰居家看。播映中，鄰居家會擠滿三、四十個人，小電視要放高，後面的人才看得到。伊達在瑪琅的時候，流星花園四位主角F4曾經來過印尼首都雅加達，遠在小鄉村的她也知道，因為這是電視新聞會播的大事。

雖然流星只在城市閃爍，她期待有一天，能夠和流星花園男主角道明寺（言承旭）相會。

蒂蒂也是。

距離伊達家瑪琅四個小時的車程，有一個叫Ponorogo（波諾羅戈）的鄉村，是蒂蒂的故鄉。蒂蒂三十歲，她跟伊達一樣來臺灣工作九年，家裡種田。我在臺北見到蒂蒂的時候，她身穿粉色大衣，腳踩高跟鞋，她兩耳各一串珍珠耳環哐啷響，露出虎牙對我笑，像個臺北都會女人。

她來臺灣前剛失戀，男友劈腿，對方交了一位在香港工作的印尼女友，每個月給他錢。她說來臺灣一開始父母反對，但她自己想來，因為想去看看有流星花園的臺灣，長什麼樣子。

《流星花園》播出時蒂蒂上小學，當時她媽媽去馬來西亞工作，為家裡買了一臺電視，電視放在房間，播流星花園。當時蒂蒂好喜歡流星花園，房間內貼滿書局買的F4海報，最喜歡朱孝天。她說流星花園快進廣告的時候，片名動畫會慢慢浮出來。「我趁流星花園四個字消失前，趕快一邊看，一邊把這四個字刻在自己房間門上。」

「流星花園」是蒂蒂第一句學會的中文。流星花園，也是蒂蒂對臺灣最初的想像，這裡應該有能許願的流星、有F4，還有浪漫的愛情。

進入英德學院

電視劇《流星花園》裡，女主角杉菜來自普通家庭，她的家人付了貴族學校高額的學費，希望女兒飛上枝頭，杉菜到充滿有錢人的英德學院上學；在印尼，伊達和蒂蒂找了仲介，各付了一筆十幾萬臺幣的仲介費，她們來到臺灣工作，想先看看有沒有美麗的校園。

二〇一一年，伊達本來申請上印尼的大學，但最後沒有入學就讀。她來臺灣工作，讓國中中輟的弟弟能夠完成學業。她說來臺灣的那班飛機飛了八個小時，從印尼到香港，轉機新加坡，降落桃園。

「我在飛機上想，哎呀臺北究竟是怎麼樣。」她在仲介公司等待媒合工作，仲介再送她獨自一人搭飛機。她說當時一句中文也不會，非常慌張。下飛機後，她推著自己的一箱行李在空曠的機場大廳，左顧右盼，一位年輕帥哥拿著大大的字牌站在她面前，字牌寫她的名字。

（是道明寺嗎？）她心想。

「你是伊達嗎？」她看他問她，心裡沒有小鹿亂撞，而是懼怕。

伊達第一次出國，她沒有抵達心中念著的臺北，而是到了馬祖。迎接她的帥哥是民宿老闆的兒子，這是伊達來臺灣的第一份工作。

第一次來臺灣，儘管先前在雅加達上了三個月的中文課，但老師是北京人，腔調和語法完全不一樣。伊達開始在民宿工作，還不會講中文，老闆看她竟然操著兒兒的北京腔支支吾吾，搖搖頭，讓她拿北京老師發的課本出來，說從今天起，每天晚上八點考妳五個單字。伊達說從那時開始，老老闆會手指洗衣機、指枕頭，問她這個是什麼；年輕老闆則是跟她對著課本，一字一字問她。八個月後，伊達能自在地說中文了。

在馬祖的日子，伊達每天打掃民宿的二十八個房間，她每天四點起床煮早餐給民宿客人，獨自洗衣、清掃、曬床單，晚間九點下班。

她在馬祖不喜歡冬天，剛從全年如夏的印尼到臺灣，遇上冬天，她需要穿六件衣服、套一件黑色大衣、穿長靴、戴毛帽，才能比較自如的工作。冬日手指，也會因為碰冷水流血。

不過這不是她不喜歡冬天的主要原因，「夏天的時候民宿生意很好，老闆沒時間對我多想什麼；冬天客人少，老闆脾氣就不太好。」

馬祖沒有流星花園的英德學院，也沒有偶像道明寺，但有阿兵哥。在馬祖當義務役的阿兵哥，每天早上會在街上踏步，當他們行經伊達工作的民宿，口號會從

「一二、一二」，「變成伊達早、伊達早、伊達早，」一直到隊伍走完，伊達說：「我會……臉紅。」

伊達在馬祖遇見的阿兵哥，平日練操，假日一到，就趕快到馬祖的各間民宿排隊住房。阿兵哥來到櫃檯，叫伊達姊姊，問她今天有沒有房間，然後偷塞給她糖果餅乾。「他們對我好好。」伊達說這些阿兵哥在馬祖民宿裡也沒在做什麼，就只是打電腦。他們對她說，馬祖好無聊，要她將來一定要來臺北看看。

來臺北看看，來臺灣看看。另一位少女蒂蒂還在印尼，她除了在她房間門上刻了「流星花園」四個字之外，她也將兩個朱孝天的頭像剪貼在門上。朱孝天每日看她，她也每天看這位臺灣男子，她看著他心想，也可以來臺灣看看。

蒂蒂二〇一一年到了臺灣。她說剛來臺灣的時候，最不適應的是語言。「第一年在臺南還不會講話，太太說我笨，故意在我的菜裡放豬肉。」其實蒂蒂會講話，她只是還沒學會除了母語爪哇文、印尼文之外的第三個語言，一個她過去二十一年來，只寫過「流星花園」的那個語言。

在臺南，雇主不給休假，倒垃圾要與蒂蒂同行緊盯，三個月蒂蒂瘦了二十公斤。

二〇一二年，蒂蒂到嘉義工作，這一年她遇上對她較好的雇主，但除了照顧阿公，也要照顧三位小朋友，她跟小朋友一起學中文。

她說在嘉義，雇主有天經過流星花園拍攝地中正大學，停在路邊給她拍照，她在中正大學門口匆匆照了一張相。

蒂蒂找到了英德學院。

道明寺在哪裡？

蒂蒂找到了英德學院，接下來應該會有浪漫愛情。

不過這時蒂蒂失戀了，她跟當時住臺中的印尼男友分手，在新竹當看護的閨蜜推薦她聽梁靜茹的〈分手快樂〉。「我每天聽，打掃的時候也戴耳機聽。」蒂蒂開始聽中文歌，越聽中文越好，二〇一七年她來臺北工作，她開始用中文交友軟體。

蒂蒂說她剛開始是用「Bee Talk」，那時搜尋了交友ＡＰＰ關鍵字，找到這個軟體。後來 Bee Talk 還沒關站，她改用探探，因為在ＩＧ看到探探的廣告，說這裡帥哥很多，「不過我跟一個網友約出去喝咖啡，一見面發現，哎呀怎麼差這麼多。」

蒂蒂給我看她的探探頁面，她的暱稱叫做「太平洋的女孩」，放一張在海邊出遊的相片當大頭貼。她的個人頁面有許多跟臺灣老師學料理的相片，還有一些心情記事。其中一則放了幾張風景照，上頭寫「最美的愛叫手放開」。

流星花園電視裡，英德學院很大，有許多貴族學生；蒂蒂現在在天母一間別墅工作，別墅也很大，但只住著七十多歲雇主阿公、阿嬤、印尼同事與她，四個人。她說她住的家有游泳池，還有阿公散步的花園。我問她，臺北有游泳池的家，長什麼樣子？

蒂蒂拿起了手機，說要給我看看，她滑了一下桌面，點開另一個 APP，螢幕裡是十六格分割畫面。她滑了一個又一個家中的角落，說這個是游泳池、這個是花園、這個是她平常不會走的大門、她平常走這個小門，我看到的是她家裡的監視器鏡頭。

那時天寒，黑夜中下著雨，我在監視器鏡頭裡也看見了蒂蒂照顧的阿公。阿公獨自在房間中，一盞燈打落在黑暗裡，他坐在醫院買的單人病床上，面前小桌有一些積木，是復健的遊戲用具。

阿公腦中風，沒辦法講話。「當阿公不會講話了，其實也可以講話。」她說阿公每天早上會用咳嗽或動作表意，故意叫她起床注意他。蒂蒂會讀阿公的唇語，和他對話，她聽得懂阿公講的話。

蒂蒂說，她覺得阿公是一個勇敢的人，他年輕時創業開布料公司，精通法文、英文、日文。不過二〇一六年阿公生病後就不能講話了，她說阿公生病前對孫子、親戚都很好，但他生病後，很少人來看他。

至於蒂蒂照顧的阿嬤，她說阿嬤愛碎碎念，除了兩個兒子說的話之外，其他人的話不太聽。阿嬤禁止蒂蒂在家講電話，會用監視器盯緊她，蒂蒂和同事在房間中，講電話要小聲的講，不然阿嬤會生氣。

蒂蒂說，這間別墅空間很大，她和同事每天有做不完的家事。夏天她們打掃的時候，會看見阿嬤身穿泳衣，在游泳池裡走路。

阿嬤夏天照三餐在泳池走路，她和同事看著阿嬤不解，有時光天烈日下，阿嬤仍然在走路，一次走一小時，中途起來坐著休息或上廁所。別墅裡三位女人看著彼此。

蒂蒂說，阿嬤不信任人，但阿公臥病在床不能講話，他們的小兒子在美國，大兒子住臺北很少回家。她說，有時會看見阿嬤坐在阿公面前，說我愛你。「有時候看他們兩個人很可憐。」

蒂蒂也在別墅裡看著雇主兩人的愛情。

愛情啊，蒂蒂最後，有沒有找到浪漫的愛情？

現在的蒂蒂有一位臺灣男朋友，男友是透過探探認識，但對方工作忙，不常見面。覺得寂寞的時候，她說她有一位在探探上的好友，對方有女友，但被冷落。好友和蒂蒂常在睡前通話，他給她唱歌。

我跟蒂蒂碰面前，蒂蒂受邀錄了廣播節目，談到流星花園。好友聽了廣播之後，為她唱了三天流星花園Ｆ４演唱的歌曲《流星雨》。

她在電話裡靜靜地聽。

（蒂蒂家裡門上的「流星花園」片名刻字）

馬祖海邊運動場上

伊達在馬祖除了阿兵哥朋友之外，也有人陪伴。雖然伊達沒有如願找到英德學院，到達她想去的臺北，但在馬祖，她有一群印尼朋友。

她在馬祖的印尼朋友，是在鄰近民宿上班的印尼人，或照顧長輩的印尼看護。馬祖地方小，印尼人自成一個社群，每天晚間九點休息的時候，伊達會跟朋友們一起煮菜，到海邊散步野餐，常常十個印尼人一起吃飯。開齋節的時候，在漁船工作的印尼漁工也會一起來，她說二十多人就在海邊，吃飯唱歌，直到晚上十二點。

不過就只有海邊，馬祖除了海邊，什麼也沒有。

有天，對面民宿的印尼姊姊告訴伊達，言承旭來住她們民宿，說是要拍電影，會住一個月。「她說，言承旭房門外疊了一大堆巧克力和鮮花，是很多小姊送的。」那間民宿被粉絲小姊訂滿房，小姊們日日夜夜徘徊在客廳、玄關走廊，盼著言承旭出門的那個瞬間。伊達沒辦法和小姊一樣天天盼待，她還是在自己的民宿埋頭工作。

一天下班後，伊達到海邊散步，那天，她說她遠遠地看到了言承旭。遠方的言承旭，在運動場上跑步，旁邊仍然圍著一大群小姊。她沒有靠近，只是遠遠的看著他。

「這樣就好了。」

三年後伊達轉換雇主，到臺北工作。後來每逢臺灣朋友，她必定提起這段看見言承旭的馬祖故事，她喜孜孜地訴說的時候，像個少女。

言承旭跑步的時候或許沒有看見杉菜，但是杉菜終於從國中的少女長大，看見了他，這也就夠了。

這是屬於伊達與蒂蒂的《流星花園》故事。

關於愛情

移工的生命經驗，除了生活的、工作的之外，愛情也是一件生命裡重要的課題。

移工，從早期自花東移動到高雄港跑遠洋的阿美族人，或臺灣過往到中國與東南亞工作的臺商，抑或是今天在臺灣的東南亞勞工，都是移工的一種。從以前開始，我也在社群中聽到，婚外情一直是一個典型的移工生命經驗，東南亞移工亦是。遠在異地，家鄉的丈夫、妻子出軌，或移工們在臺灣有一位暫時的伴侶，這些現象常見。

關於移工在臺灣的愛情與關係，如果我能單純帶著好奇，去理解那些情感背後的原因，會不會有除了常見的道德批評之外，不一樣的解答呢？

為了理解移工們在臺灣的感情生活，我找了認識多年的好友英塔利，聊聊她在臺灣的愛情。

英塔利：如果當殘忍的女人，是不是比較不會傷心？

英塔利今年四十五歲，二〇〇七年第一次來臺灣工作，雖然她與老公在法律上尚未離異，不過在十一年前，他們就再也沒有說過話了。至今，英塔利在臺灣交過兩任男友。

英塔利是朋友圈中人見人愛的「媽媽」，她經歷過自己的，也看過很多印尼女孩的愛情。我問她，我知道很多臺灣人對移工有偏見，我也知道很多移工在臺灣有另一段感情，但我卻覺得那一定有原因，她的想法是什麼？英塔利說，其實很簡單，一個原因是性的需求；另一個原因是，她們來臺灣越久，逐漸發現電話裡跟家人的談話只剩下錢。

英塔利在印尼有三個小孩，最大的兒子已經二十五歲。她過去剛來臺灣的時候，經常主動打電話給小孩，小孩們總是說「我在忙，坐公車，晚點打給你。」晚間，小孩已經忘記要打給媽媽。也直到最近，他的大兒子才會主動打給她，因為英塔利花了臺幣四十萬，幫兒子打了一場畢業考作弊被退學的官司，幾乎花光了她在臺灣工作十多年的積蓄。

英塔利的大兒子小時候曾經怨懟她，為什麼不跟爸爸在一起了？她說：「那不是愛的問題。」

家鄉住在印尼北海岸巴當的英塔利十七歲就結婚了，她說自己來臺灣前，是一個 istri solehah（聽話的老婆）。她早婚，是因為當時英塔利的父親有三個老婆，她媽媽是父親第三個太太，某天父親要退休了，但是英塔利和三個弟弟還在讀書，需要錢，她就決定結婚了。

英塔利的先生來自有錢人家，總是會分錢給需要的朋友。英塔利對他的印象就是一個 Bos[1]（老闆），直到現在，她先生在 Whatsapp 裡的暱稱還是叫「Bos」。她剛結婚的時候需要錢，也需要一位有錢男性照顧，「我自己沒辦法解決問題，我的問

1 Bos：印尼文，指「老闆」。

題我丟給我老公。可是我的老公後來沒辦法解決問題。」

英塔利不知道老公會賭博。他們結婚後，老公上班的公司倒了，他不再工作，在英塔利開的小吃店偶爾幫忙。有時候老公外出人就不見了，說是去捕魚、找工作。英塔利不知道為什麼，總是會有很多人來家裡找老公，她問那些人，找老公是要做什麼？他們說要去釣魚，但每每他們來，總是看不見老公的人影。直到那些人終於生氣，英塔利才知道老公欠了一大筆債。她找老公的姊姊，姊姊賣地，她們才還了債。

可是老公還是一直賭博。某一年的齋戒月，半夜三點家人們起床做禮拜，英塔利發現老公沒有回家，那時她最小的孩子剛滿一歲，英塔利在黑漆漆的大半夜騎車出門找老公，老公卻在早上七點才回來。鄰居說，老公其實昨晚就在隔壁人家的房子裡賭博。英塔利終於生氣了，她本來開玩笑的對老公說，她要去海外當移工。去海外當移工雖然可以賺很多錢，當時在英塔利的家鄉，人們覺得移工是一個很不好的工作，她的鄰居很多是公務員，會說移工出去都亂搞，回來變了一個人。

不久，英塔利就去了雅加達的仲介公司，頭再也不回。

英塔利曾經跟我說，很多移工來臺灣的原因除了賺錢之外，也有許多人其實是因為想「逃脫」，逃脫過去在印尼沒辦法改變的過往。英塔利自己，則是逃脫了她失望的婚姻。她去雅加達仲介公司受訓的時候，很多人在受訓期間，會在家裡和雅加達來回跑，看她們的小孩與家人，「我沒有。」她說很多人在受訓的時候，夜裡打電話給親友總是掉淚，「我不會。」

英塔利離開家的時候，把老公欠的賭債都還完了。她第一次來臺灣，老公卻把兩只婚戒、她的包包、家裡廚房的餐具都賣掉了；第二次來臺灣，老公賣了她買給兒子的摩托車和她的腳踏車。老公仍然在賭博。

英塔利到臺灣工作後，曾經請一位同鄉的妹妹回印尼時替她帶東西回家，當那位妹妹習慣了臺灣人的穿衣風格，穿著短袖短褲來到英塔利家的時候，英塔利的老公看見她，便說她這樣露骨的衣裝，像極了在印尼卡拉ＯＫ從事性產業的女郎。老公對英塔利說：「像妳們這樣的女人，在印尼很多。」

英塔利在臺灣很想念書，她二〇一二年終於能放假出外的時候，去上了印尼的空中大學，「我想讓我的小孩看到，我不是爸爸說的那種隨便的移工。」

她想與老公離婚，可是長年都在國外工作，海外離婚加上她是女性，在印尼要離婚更困難。她給了老公律師費，請他自己辦，離婚的原因「隨便你說，說我有男朋友、我跑掉了，隨便你」。不過英塔利的老公到現在還沒有主動去辦手續。他們就再也沒有講過話了。

「所以說我們為什麼在臺灣找男朋友，原因應該是這個。」失望的英塔利說，如果她當一個 wanita kejam（殘忍的女人），會不會比較不會傷心？

漸漸的，英塔利認識了她在臺灣的第一位男友「阿公」。

二〇一二年某次英塔利去空中大學的教室上課時，坐在捷運上，她旁邊有一位姊姊，是一位印尼華僑。她們搭訕聊天，姊姊說，妹妹啊，妳幾歲？要不要試試看泰國男朋友？

那位姊姊也曾經有位泰國男朋友，熟絡許多泰國移工。但她現在已經五十歲，「她說她沒有MC了，所以退休，現在沒有男朋友。」英塔利聽到姊姊的問題，便說：「好啊，好！好！」

姊姊下個月休息，她們一起去桃園大園的工廠，工廠在工業區中，大馬路旁有許多泰國小吃店。姊姊帶英塔利去泰國小吃店，英塔利認識了阿公。阿公是一間有許多泰國移工工廠的老大，來臺十年，中文甚至比看護英塔利流利。她們開始交往，用中文談戀愛。她們交往了五年分手，現在仍然時常通話閒聊。

阿公現在在泰國沒有老婆，也沒有女朋友，「他的手機仍然都是我的照片。」阿公過去在泰國也曾經離婚，離婚前阿公還沒有去臺灣時，他白天上班，晚上回家卻發現老婆和一位美國男人在一起，他將她們都趕了出去。阿公的女兒跟著媽媽去美國了，現在是一位國際的模特兒。英塔利給我看阿公女兒在伸展臺上的相片，她說女兒這麼漂亮，阿公的老婆應該也很漂亮吧。後來英塔利再交了一任印尼男友，但過不久就分手了，她說，只有阿公看得清楚她的好。

我問英塔利，她現在對感情、婚姻的想法是什麼呢？英塔利說，過去她們生活在印尼的鄉村，女性普遍早婚。如果女生到二十五歲還沒找到愛人結婚，人們會希望她去「taaruf」。taaruf是一種印尼穆斯林的婚姻傳統，不談戀愛，而是雙方家長閱覽男女的書面經歷，「像找工作一樣。」相片看對眼、資歷門第適合，就結婚。

英塔利過去早婚，雖然她是自由戀愛結婚離婚，不過她說，taaruf的夫妻，至今也很容易離婚。英塔利在臺灣有許多要好的印尼女孩，她觀察大家來臺灣後，面對感情、結婚的想法會變得「一半仍是印尼，一半很像臺灣」。女性漸漸不想再那麼唯諾是從的結婚了。

英塔利曾經有一位在臺灣的看護朋友Yusni（尤斯妮），尤斯妮的媽媽曾經透過taaruf媒合了一位未婚夫給她，一直催她結婚。結果那個男生每天打電話給她，問她古蘭經念了幾個章節？「尤斯妮就跟他切了，她很生氣的說，我是要結婚，不是要當老師。」

雖然法律上尚未離婚，但英塔利覺得自己已經是個離婚的女人。她說在臺灣的移工圈子中，有一句俗語這麼說：「Janda selalu terdepan（離婚的女人走在前面）」。離婚的女人走前面，因為離婚的女人了解人生百態、了解男人，她說有時候年輕的妹妹比較不懂事，離婚的女人也比較多人追。也有許多男性移工會說，如果要結婚，他們其實想找Janda（離婚的女人）。

到現在，英塔利保持單身，因為她覺得看過太多垃圾男生。訪談完，我們一起走在她雇主家附近五股的大馬路上，一邊罵著男人。

關於移工在臺灣的戀愛，英塔利和她們空中大學 Uters 舞團的成員裏大都跟我說，在臺灣，垃圾男生很多。印尼男人在這裡，經常說自己沒有老婆的謊言。甚至有朋友因為遇上太多會欺瞞她的男生，分類出爛男人的標誌是，一開始就會說：「我從來沒有遇過像妳這麼可愛的女生。」

從以前到現在，這樣的聽聞很多。不過，我卻也想著，我現在只有聽到女生的說法，如果我直接去問男生，會有什麼樣的解答？

不久，我便傳訊息給另一位在東港認識的印尼朋友阿飛。我跟他說，最近在訪談一個跟愛情有關的題目，許多看護說男人很爛，不過如果只有聽女生的說法，好像不太公平，我也想聽聽男生怎麼理解在臺灣的愛情。

阿飛爽快答應了。於是我又回到了東港，聽阿飛講他的愛情故事。

阿飛：在臺灣的戀愛與在印尼的戀愛不一樣

我到東港的時候，那幾天阿飛在漁船上工作到很晚才有空休息。訪談時，朋友雨楨幫我翻譯。晚間十點多，阿飛、雨楨、我，一起坐在休息室二樓的地板上，阿飛說他準備好了，開始講起他的感情。

我一面聽，一面覺得眼前此刻的畫面很有趣。其實之前跟庭寬在東港迎王祭前後在這裡訪談凡納度、阿曼、王哥，訪談結束後，他們騎電動車載我們去坐公車。庭寬那時跟我說，確實這些年來，也有些記者、研究者來到東港訪談他們，但都是訪談漁工們在這裡出了什麼問題。從來沒有人對他們的日常生活感興趣，也沒有人談過他們的愛情。

而此刻，阿飛大概是第一次對臺灣人聊著他的感情世界。雨楨和我的年紀都比他小，阿飛談論著他在海外工作二十多年來，怎麼看待感情。

阿飛在二〇〇〇年就來了臺灣工作，他經歷過兩段婚姻，中間在臺灣交過幾位女朋友。他現在的太太也曾經有過一段婚姻、在高雄當過看護，現已回到印尼。

阿飛對我說，印尼人在臺灣的感情和在印尼的感情是不一樣的，在臺灣的感情是出於需求。在臺灣的工作很累，會希望可以有人陪，跟你說一聲辛苦了。阿飛說來這裡久了，人們會出去玩，會認識跟自己一樣有需求的人。之所以移工在臺灣經常有另外一個暫時的伴侶，是因為不管男生、女生，都是有戀愛需求的。

阿飛根據他的觀察，列舉出他發現的「印尼人臺灣戀愛現象」。

第一，在這裡的戀愛，大家不太在乎彼此的身分。在印尼的戀愛模式，可能是兩人認識、相戀、發自內心想要一起生活；可是在臺灣的戀愛，彼此以「需求」為主，需求滿足後，若有可能，慢慢才會有愛的感覺。在臺灣的戀愛有個潛規則，就是雙方不會馬上說出自己的家庭背景，包含有沒有結過婚。像默契一樣，在這裡談戀愛，是想在一起彼此陪伴而已。

如果想跟一個人戀愛，我跟對方的朋友打聽那個人有沒有家室，通常朋友們會說不知道、保持沉默，避免捲入戀愛紛爭（因為這比工作紛爭還難解決）。移工在臺灣交往，有些時候不太知道這個人的背景就在一起了，如果說我離婚了但其實沒有，你也好像無從求證起，我把東西藏好，你就不知道了。

第二，以阿飛自己的觀點看來，在臺灣的戀情，女生比較容易心碎。在臺灣，或者阿飛有看過的戀愛經驗裡，當然男女兩人基本上是出於戀愛需求、相處舒服才在一起。根據阿飛的觀察，女生通常還是會希望，她最後可以跟這個男生在一起，所以最後心碎的人通常是女生。對阿飛認識的男生而言，他們還是會戀愛，但是通常不會離開自己的家庭。

不過為什麼人們會 selingkuh（出軌）呢？我問說，出軌，就代表不愛自己的老婆、老公了嗎？

阿飛說關於出軌，其實不只臺灣，香港、阿拉伯、馬來西亞……各國的移工都會。出軌雖然是基於需求，但這個需求不是直接指生理的性需求，更多時候，是每天他們工作很累、壓力大，就是需要有個人可以支持你、幫你加油。

當然在臺灣仍然有對婚姻與感情專一的男人與女人。不過關於出軌的人，阿飛說就像他自己或他看過的人，其實還是愛著自己的太太或先生，證據就是仍然會寄錢回家，不會不負責任。但有時候，這裡的工作遇到很多問題，不一定是家人可以理解的。

阿飛的第一任太太跟他住在同一個村莊，他們十八歲相戀，還沒結婚的時候，阿飛就到了臺灣跑船。阿飛十九歲第一次來臺灣工作，第一次合約期滿的三年後他回家，女生希望他負責，想要一個承諾，阿飛想說好啊，先結婚再說。阿飛說，那時的他或他身邊大部分的朋友，對結婚沒有想那麼多，經濟什麼的問題，先結婚，其他以後再解決。阿飛與太太結婚後生了小孩，太太本來反對他再來臺灣，但因為小孩的花費日益加重，阿飛又來了臺灣。

阿飛再回到臺灣，他也在這裡戀愛了。阿飛說那時他之所以戀愛，是有原因的。因為來臺後他寄錢回家，國外工作的收入對他們一家來說是比以前還要好的，可是錢永遠不夠，寄回去的錢都會被花光，不夠、太太一直要。這讓阿飛壓力很大。他發現錢改變了太太這個人，以前她在家煮飯，現在總是想吃更好的餐廳、買更好的衣服。我原本在臺北認識的都是女性看護，在她們之間聽過許多爛丈夫的故事。但來到東港，才知道阿飛與東港的漁工之間經常流傳，有時他們的漁船出海返航，快要上岸的時候手機重新有了訊號，有些太太們在船還沒靠岸時就已經打來，詢問錢什麼時候寄回來。阿飛說世界上不只有無能丈夫，其實也有傲慢太太。

「身為男生，也是很辛苦。」

阿飛說，有時候事情就是這樣，讓他們覺得壓力很大，在這個縫隙中他產生不滿。這個不滿中如果遇到另外一個人，他就出軌了。阿飛說他理解女生情況也一樣，很多女生一直寄錢回家給老公，老公就不工作了。

二〇一四年，阿飛跟他的第一任太太離婚。那時他確實在臺灣有女朋友，不過他說自己想離婚不是因為出軌的緣故，他跟那時的女友最終也沒有在一起。雖然太太覺得是因為他有別的女人，但他說自己離婚主要是因為太太對金錢的不滿足。反而是他離婚後，他沒有馬上結婚，太太卻很快再婚了。

不過阿飛說，想出軌和可以談到戀愛又是另一回事了。看到漂亮的女生想談戀愛，可是漂亮的女生也不一定想跟你在一起，也沒那麼好出軌就是了。我問阿飛，他剛來臺灣的時候仍然是二〇〇〇年，網路還沒普及，漁港男人與照顧老人家的看護生活也都封閉，那他們在臺灣，要怎麼認識女生呢？

「在醫院認識。」

移工們雖然過去手機沒有吃到飽的網路，但是在最早的年代，有健康檢查。過往每年的健康檢查，阿飛回憶道，他們總是一群人被仲介載到高雄的醫院去。醫院裡，男生一排，女生一排，這就是認識異性最佳的時機。阿飛說那時「男生們特意穿皮鞋、頭髮抹油，女生們化妝、穿洋裝，他們都是要去健康檢查。」

阿飛笑咯咯，「可愛吧。」

在健康檢查排隊的隊伍中，男女互相搭訕，交換電話號碼。當年的手機有一種預付卡的點數，阿飛回憶，男生與女生交換號碼後，會由男生買點數給女生，這樣兩方就可以通話。

「那會有男生，口袋就一疊那個點數嗎？」我問。

阿飛說不會啦，先認識啊。阿飛也說，在那個年代，他們沒辦法知道對方的身分背景，如果是像現在的網路時代，滑一下對方的臉書、IG還可以大概知道這是一個什麼樣的人，但是當年沒有。因此也有一些男生被騙，買了許多張點數卡給對方，對方卻消失了。

當年的戀愛模式，通常是先交換電話、聊天，再約出來公園見面。有時在醫院的健康檢查隊伍中，男生也會幫不在場或沒要到女生電話的哥們要電話，如果今天A男和B男一起去健康檢查，A男要到了C女的電話，B男沒要到，這時A男會跟C女說，能不能介紹妳朋友（有時不在場）給我的兄弟B男？這樣的好處是，當A男想跟C女見面，A男和B男就可以一起去女生朋友兩人熟識的公園。

除了健康檢查，第二個認識女生的管道是雜誌與廣播。過往除了《INTAI》、《TIM

edia》印尼雜誌提供移工的紙上「交友版」之外，中央廣播電臺也有印尼語廣播。央廣的印尼語廣播中，有一個「找朋友」的單元。假如我是一個印尼看護，我在印尼的仲介公司受訓時認識了一位好朋友，但來臺灣時我們失散了，我想找她，那我可以寫信到央廣，寫我是誰、電話幾號、想找誰。當我的那位朋友也從廣播中聽到，她就可以找到我。阿飛說，可是啊，同時，也會有非常多的男生打電話給我。

「打來說，請問是婉琦嗎？喔—妳故鄉在哪裡？離我的家鄉很近耶！妳住哪裡？喔—高雄！我也在高雄耶。那我們要不要相約在公園？」因為當年，移工的生活圈實在是太封閉了，這是當年另一種認識女生的方式。

雨楨說，這真是一種「盲測」的交友，完全不認識就先約公園見面。「都不會害怕嗎？」我問。

「就是交朋友的心情囉，沒有說一定要交往啊。先認識一下，當然不會馬上說喜歡你、要跟你在一起。」阿飛說。

對移工來說，認識異性不簡單，外出也不易。沒有Google Maps的那個年代，阿飛第一次農曆新年時可以放假，他與一群南安由的漁工興奮地坐上計程車，想出遠門去玩，他們要去南州，結果計程車開不到十分鐘就到了。那時，他們完全不知道外面世界的地理方位，出外多靠計程車。二〇〇〇年初，那時高雄車站還沒有印尼店的時候，旗津已經有兩間最早的印尼小吃店，叫做 Jainal 與 Nasantar，不過來往的客人幾乎都還是男性的印尼海員。

阿飛也記得，他當年經常會去高雄八五大樓旁邊一間叫「侏羅紀公園」的酒吧。「侏羅紀公園」現已不復存在，不過當年是一個多國人聚集的夜店，有臺灣人、菲律賓人、印尼人，也有許多西方人。阿飛說，他記得去「侏羅紀公園」的時候，每晚都有樂團駐唱，他聽到的第一首歌是《Is my Love》，酒吧也曾經邀請菲律賓、峇里島的樂團來表演，這些樂團不是工人，而是單純受邀坐飛機，專程來駐唱的。

後來高雄車站也出現專做印尼人生意的酒吧了，叫做 Aneka，阿飛漸漸比較喜歡來這裡。那時，也有越來越多雇主願意讓女性看護出門買東西、放小假，高雄也就出現了越來越多印尼小吃店，也比較容易認識女生了。

阿飛的第二任太太艾莉，是他跑船去基隆時，在印尼小吃店認識的。他和朋友去小吃店認識了艾莉的朋友，隔天邀她唱卡啦 OK，朋友沒來，艾莉卻來了，阿飛與艾莉交換了臉書，有時聊天打電話。但他們還沒有談戀愛，因為阿飛的漁船，過不久就要回東港了，兩人就只是聊天。後來艾莉照顧的阿嬤過世了，阿飛才知道她是失聯移工，本來想幫她在高雄找工作，但艾莉在中壢找到新雇主。阿飛曾經抓到很多魷魚，從東港獨自帶著魷魚坐巴士去中壢，送給艾莉。兩人認識五年後，才真正在一起、結婚。

二〇一七年，阿飛跟太太艾莉結婚，艾莉也曾經離過婚，他們現在共組家庭，小孩剛滿三歲，阿飛每天看著兒子的影片。

關於 garangan 與 garangan wati

在我到東港訪談阿飛的愛情故事時，東港的漁工凡納度是一位對太太忠貞的人，他提醒我，其實不是每個移工都會出軌的，也有對愛情單純憨厚的移工。不過凡納度教了我一對新單字，他說花花公子在印尼語叫做 garangan，花花女子叫做 garangan wati。在東港訪談的那幾天，我們一起跟這裡的漁工大哥有了一段有趣的討論，關於 garangan，也關於什麼是人們心中定義的「花心」。

關於為什麼有些印尼女生被男生欺騙、男生隱瞞自己沒有老婆，另外一位漁工尤達說，確實有一些男生想要的是性。他說「garangan」這個字，其實是一種印尼某地才會出現的動物，中文叫做紅頰獴，喜歡吃雞。「紅頰獴」的維基百科條目寫著紅頰獴是機會主義者。機會主義者的意思是指為了達到目的，會使用各種方法。與阿飛不同的是，尤達大方承認自己是位 garangan（花花公子），他說自己的故事就像亞當與夏娃，他就是原罪。不過他覺得在臺灣的戀愛不可能會自在，雖然最終不會離開婚姻，但是同時對太太、女友都感到虧欠。

阿飛則說，garangan wati（花花女子）這個詞有時候會被濫用，有時女性會被過分的指責。阿飛說花花女其實是一種口頭稱呼而已，不到那麼誇張。他說印尼女性普遍因為社會與宗教因素，會有一些矜持，與男生保持距離，但有一類女生，跟男生當朋友的時候很放鬆、自在，她也沒在怕的，這時候人們會說這類女生是花花女。阿飛說花花女並沒有專指就是什麼樣的女生，這個詞不一定是負面的，有時候比較見多識廣的女生、比較有膽識的女生也叫 garangan wati。阿飛說，像是 garangan、garangan wati 這樣的字詞，不一定專指負面形象的花心男女，有時候是一種面對感情的想法，想跟誰談戀愛就談吧、想分手就分吧，其實是這樣的態度。

garangan可以是我跟這個人走一走，當朋友。阿飛說「出軌」則是比較認真的，他說出軌的因素，除了太太一直花錢之外，其實還是回到每個人身上。不是每個人都是完美的，也不是每個人都沒有問題。還是回到每個人自己身上，不一定只有太太，每個人都有沒有做好的地方。

4

幸福快樂的結局

芬蒂：關於幸福快樂的結局

「快樂結局是一種對解放的渴望。」——王小棣。

Fenty（芬蒂）是一位回去母國的移工，二〇一七年我們在臺南認識，同年她回國。我在社群媒體上看見她結婚，她喜歡分享先生的相片。我本以為，移工回國後，必然是幸福快樂的生活。

二〇一九年我去印尼找她，才知道她婚後兩個月，先生就去韓國工作。婚後四年來，她一人住在空蕩的大房子裡。

我去她家時，屋子前有工人駐足。桃花心木蓋的大房子容易腐朽，正在翻新成堅實的磚房。我走進她的房子，家裡的時鐘停在五點四十二分。

芬蒂的出國旅程

很久之前，芬蒂住的房子是一個充滿雞鳴、鴨叫聲的家，有爸爸、媽媽、兩個弟弟與她。四歲之後，全家從雅加達搬到距離大城 Semarang（三寶瓏）車程三十分鐘的 Penadaran 村莊。母親跟大多數村民一樣種玉米，父親是修理電器的師傅，她說父親厲害，壞得再嚴重的電器都能讓它好起來。

她家熱鬧，母親養了許多寵物，七隻貓、一隻烏龜、許多雞和鴨。她說家裡有一臺父親帶回來的二手電視，黑白的螢幕，每晚播映動物星球頻道。她與弟弟就這樣看著非洲大草原的長頸鹿、老虎，她以為這是外面世界的樣子。

芬蒂兒時有許多寵物的家，是跟人家租的。芬蒂喜歡去上學，成績很好，十四歲國中畢業時，母親將她叫來身旁，說家裡租的旁子要被收掉了，自己種玉米賺不了多少錢，還有兩個弟弟，不知道能不能讓他們上學，你是姊姊……

十四歲的芬蒂還是少女，她國中的班級有三十五個人，一半的人都跟她一樣，畢業後就去城裡工作。

同學介紹了工作，芬蒂到印尼泗水當幫傭，住老闆家裡。那時是二〇〇六年，年輕女孩去城市當幫傭常見，因為年紀太小了，還不能出國。她說在印尼當幫傭，是一個低下的工作，被人看不起。但她說現在與其在印尼當幫傭，不如去國外當幫傭，沒有人會看見自己辛苦的樣子，大家只會覺得你很有錢。出國當幫傭，賺得比印尼白領還要多錢。

芬蒂十七歲生日隔天，她就去了父親家鄉 Kendal（肯德爾）找仲介。肯德爾是一個山村，在印尼爪哇，山村居民往往出國的人多。人們在山上多半務農，若要翻身只能出國，村子留下許多老人，與空蕩卻漂亮的水泥房。

她去了仲介職業訓練所。在職訓中心，女孩們若不足二十歲，護照可以輕易改變年紀；她剪去長髮，穆斯林女性在中心裡被要求剪短髮、不戴頭巾。她們學習服從老闆的語言，「是、好的、沒問題」，老師沒教過否定句。

她想學語言，所以去了新加坡。她在新加坡中部的 Bishan（碧山）照顧一個印度家庭，雇主一家是穆斯林，對她不錯，還曾經帶她去印度參加婚禮。她在新加坡沒有休假，較少認識同鄉朋友，但她拍下許多相片，寄回印尼給母親。

她在新加坡工作三年，回家後她跟所有人一樣，興奮地替家裡買了房子。買房子像是回國移工的必然，理所當然，卻也像是競逐比賽。她買了房子和土地、幫家裡添購物品，不到兩個月，錢一下子就花光了。她不知道該怎麼辦，只好再次出國。

她再去香港。她本以為待過新加坡、能用英語溝通，就可以順利融入步調快的香港。但當她踏入香港的雇主家裡，發現這個家好小，卻三代同堂，一家七口同住一個香港房。家人經常吵架、摔物品。她與奶奶同住一個上下鋪，夜裡不時醒來幫奶奶換尿布。

她在香港沒有一天休假。雇主整家子的情緒，還有她的，都漲滿在小小的房子裡。所以她只在香港待了一年，就回印尼了。

她回家，在市區三寶瓏找了一個照顧小孩的工作，當時她重回高中讀書，但中輟了，她說家裡發生了一些問題，有些複雜，當時弟弟也在城裡做工，替人家蓋房子，很黑、很瘦，她沉默了一會，說但這不是唯一的原因。那時候的芬蒂本來不想再出國，她下定決心要再去臺灣的時候，為自己列一張願望清單，說這是最後一次了，她要完成這些願望，然後就不再出國。

芬蒂的願望清單：

在媽媽家旁邊買一棟自己的房子。

讓兩個弟弟有工作的技能，付錢讓他們學習。

我想要讀書。

二〇一三年芬蒂來臺灣工作，她到高雄岡山當看護，被通知要照顧阿嬤，到了之後卻被老闆叫去工廠做工。二〇一七年我在臺南認識她，同年，她終於回到印尼，直到今天，不再到海外。

她說來臺灣前的那個願望清單，至今除了第三個願望，其他都實現了。

而我以為，就像童話裡說的，這是她的幸福快樂結局。她從臺灣畢業，但我卻想起一九六七年的美國電影《畢業生》。電影裡的主角班傑明成功脫逃他那不羈的人生，在教堂裡用十字架抵擋世界對他的不公平，而當他終於救出心愛的女主角伊蓮，兩人上了公車，遠離不堪的逃婚場景，願望實現的欣喜過後，他們卻在公車的最後一排並坐著，迷茫看向前方。

回家之後

二〇一九年九月我去了印尼，抵達前我傳訊息給她，詢問能不能順道拜訪。但等了一個多月仍不見回音。最後終於聯繫到她的時候，她說她把臉書都關閉，在臺灣的朋友也早已沒有聯絡，不敢相信我竟然會來探望。

我搭了四個小時的交通車 Travel [1] 到三寶瓏城，她與弟弟騎機車來城裡接我。我背著登山背包，坐上他弟弟的機車，我們歷經四十分鐘的車程到她的家裡。騎車的時候，她在另一輛機車上頻頻回望，外國人來作客，她的眼眶有點泛紅。

我們到她家時已是夜晚，那個家，是她先生的房子，公婆早已過世。房子最後方是臥室，放一張單人床。她鋪床墊在地上，說今天太熱，她想睡地板上。我看見她的房間吊掛了吹風機，她說以前在印尼不會吹頭，但在臺灣習慣了吹頭髮，尤其印尼雨季天涼，容易入風，吹了頭髮，就不會感冒。

她剛回印尼時也不習慣吃辣，頭兩個月吃辣會拉肚子。她說從海外回來，一切都不一樣了。不一樣的不只是習慣、口味，不一樣的還有自己，以及回國要面對的生活。移工回國後最常面對自己有錢，但沒有朋友。離家八年，在印尼原有的朋友已經散去，她沒有朋友。即使曾經試圖聯絡舊朋友，但發現朋友們興趣、個性都早已不同。芬蒂一位好友現在是白領，她說朋友有他們的 position（位置），「但我還是一位

1 Travel 是印尼一種交通車的名字，通常要先買票，然後大家坐上一班九人座的車子，載往目的地。

看護。」她說話時操著一口Singlish，不時夾雜中文。

她說像她一樣的回國移工，回到印尼沒有社交圈、沒有同溫層，沒有可以一個可以說話的人，只有個人回到原本保守的家庭，常常覺得悶。她說是的，她是賺了錢。當她回到印尼，大家覺得有錢就可以安頓好未來。可是身為一個人，不是只需要錢，還需要朋友和社交圈，也需要重新安頓和找工作。

「但我要跟媽媽一樣種玉米嗎？」從國外回來，她就像人生地不熟的陌生人。她曾經問過朋友，能不能幫她找一份好一點的工作。可是從國外回來，她還是沒有文憑和白領的工作技能。她只有錢，但不只需要錢。

她在國外的幾年，以為心裡惦記的印尼還是一樣的。回來後發現，一切都不一樣了。媽媽的白頭髮變多了、村莊裡多了新的外國廠房。只有她像個被凍結的人，退冰回溫之後，重新適應自己的土地。她不知道為什麼都不一樣了。

芬蒂回國後認識先生，先生說婚後的幸福保障，是不再讓她出國工作。兩人想定下來，先生要她就待在家裡，他養她。芬蒂婚後兩個月，先生就去韓國工作。至今四年，他還沒有回來，芬蒂一個人住在大房子裡。

她說回印尼後，不愛像從前那樣開臉書，因為會看見還在臺灣的朋友出去玩，會羨慕；她也不再喜歡出門走動、交新的朋友，因為悶。

她說現在的生活是：每天早上睜開眼睛，什麼時候起床、煮飯都可以。她說以前在國外工作，起床都會想今天是星期幾了，等等要去工作，但現在起床就沒有事做。我不知道她這樣的心情是什麼，是獨處的孤獨嗎？是自由的開心嗎？是不用工作所以無憂嗎？還是情緒多半摻雜混沌？

老公不在家，芬蒂養寵物陪伴自己，她現在有兩隻貓、一些小鳥，還有一隻名叫 Molly 的鸚鵡。

她還有村子裡的小孩陪伴。芬蒂回國後老公出國，她在村子裡是一位從國外賺錢回家後獨居的少婦，村莊的小朋友下課後走路經過她家，她有天在門口看馬路，小朋友看這位姊姊，心想她就是傳說中的移工少婦，害羞向前，她說「Hello」少婦姊姊會講英語，小朋友們一個接一個聚到這位姊姊家裡，讓她當家教。芬蒂的家變成一個輔導教室，每天傍晚免費教小朋友英語，喜歡她的小朋友越來越多，每天陪伴。

二〇二〇年因為疫情，印尼的學校關閉，學生不能到學校上課，但村莊裡的小學老師還是每天分派功課。小朋友在家裡沒有老師教，功課不會寫，越來越多人每天來芬蒂家報到。回國後的獨居少婦不再沒有事做，她每天下午三點到八點開免費輔導班，教這些因為疫情無法上學的小朋友功課。學校老師開 Whatsapp 群組每天派功課，芬蒂也被加進群組裡。

她說印尼的疫情讓許多人無法上學，自己曾經無法上學，但是因為出國過，會一點英文、數學。她喜歡這些小朋友，教他們功課，也像填補自己沒辦法讀書的願望。

看似實現願望，她也發現當老師要什麼都會，心靈強壯，有時她也有自己的課題。她聽聞許多曾經出國過的朋友，回國後一半都離婚。老公在國外，她不敢聽噹嘟歌曲，也不敢看電視上的戲劇，因為幾乎都是外遇的歌詞和劇情。

害怕老公出軌的時候，她會去照鏡子，她看著她自己，說她如果成為一個忠誠的女人與妻子，她的先生也會是一個忠誠的丈夫，她這麼做以遠離自己的害怕。

她說陪伴她的小朋友裡，有許多人父母離異，小朋友有時跑來問芬蒂老師：「為什麼我的爸爸和媽媽要分開？」她看著他們，回答不出來。

她喜歡韓國防彈少年團BTS，每天晚上她和先生視訊過後，她習慣趴在房間地板上，看著防彈少年團的MV尖叫。

我問她，也有像她一樣出國過的朋友，沒有繼續出國，而留在印尼嗎？她說有一位在臺灣認識的朋友，朋友回印尼後每天在臉書貼自己在臺灣的相片。她開玩笑地跟朋友說，你發這麼多相片，哪天你就又要去臺灣了。

我問為什麼朋友要發這麼多在臺灣的相片呢？她說在臺灣的生活比較簡單。單身女性，錢自己賺，那一刻不是誰的女兒與妻子，「My life is so easy.」，工作確實很累，但是醒來只需要面對工作，累了就假日出門找朋友。

在臺灣的生活相對簡單，當她們回到印尼，每天早上醒來，不再是某個國外的宿舍，也不再需要面對難搞的雇主。但在印尼的家裡，她們要面對的不只是工作，還有家庭、沒有朋友，和一切不如從前的生活。

國外的生活比較簡單，社群網站上的貼文，透露一個人的想念、渴望。如果朋友常貼臺灣的照片，最後會再去臺灣；那麼芬蒂自己經常在社群網站貼老公的相片，老公是不是就會回來？

我問芬蒂，她在臺灣工作到很累的時候，會做什麼事放鬆呢？她說那時在高雄岡山，晚間倒垃圾後，她喜歡去買一杯全糖全冰的珍珠奶茶，坐在公園裡，看臺灣的阿姨們跳舞。全糖，因為她喜歡喝甜甜的飲料；全冰，因為臺灣夏天悶熱，冰冰的比較舒服。她每週會有兩個這樣的夜晚，一邊喝珍珠奶茶，一邊看臺灣阿姨阿嬤在公園的廣場跳土風舞。她喜歡看正在跳舞的阿姨們揮灑汗水，這樣放鬆，是她的夏夜晚風。

回印尼後她喜歡追星還有網購，老公每個月給她生活費，她喜歡上網買防彈少年團的卡片、包包、T恤，最近的心頭好是一支臺幣兩千五百元的「防彈少年團演唱會同款螢光棒」，這麼貴，因為螢光棒坐飛機從韓國來。

她二〇二一年，二十九歲生日那天，小朋友們送了她一個親手做的生日蛋糕。蛋糕上方插了許多防彈少年團的偶像立牌，她在蛋糕前面拿著網購的螢光棒，特地戴上頭巾、化妝，照了一張相。這是她的快樂。

二〇二一年二月我在臺灣透過視訊訪問芬蒂，訪談結束後，她往後躺在她家的木頭沙發上，說：「哇——真的好久沒跟在臺灣的朋友聊天了。」她說，妳知道嗎，她再也沒跟當初在臺南相識的朋友們聯絡過，因為大家的生活變得太不一樣了，不知道要聊什麼。她說的不知道要聊什麼、可以聊什麼，話語裡好像有很多東西，卻說不出來。

芬蒂說話時，我聽見農人正在用機械收割玉米的聲音，焚燒殘餘的玉米枝幹，印尼雨季結束之前是玉米收穫的季節。然後她家下了大雨。

訪問結束後，我也聽見芬蒂講話時，背景有雞鳴、豬叫，一隻雞中途踏進了她家，她暫時離開鏡頭，咻咻驅趕小雞。她的寵物鸚鵡，時不時對著她吼叫。她回來鏡頭前，對著我微笑。

我知道在那場大雨裡，摻雜在其中說不出口的東西，有一點嚮往、有一點無奈、有一點想說妳過得好嗎、我過得好嗎。

我問她，妳最近過得好嗎？

她說回國後的生活，有時當然會感到寂寞，也有時無聊，但多半她的生活很吵鬧，就如同此時她家對面在焚燒玉米枝幹、收割玉米的機器嘎嘎聲，還有不時傳入手機麥克風的 Molly 鸚鵡的尖叫，和雞鳴。

有時會孤單、也會無聊，但有時也會開心、也會幸福。大雨過後，會變得涼爽，天空有時也會放晴。

她說移工回國後，不一定有幸福快樂的結局。

結局是「The life is keeping changing.」，生命本是持續不斷地變化。

芬蒂回國後在家中每晚教小朋友功課

小朋友們送芬蒂的 29 歲生日蛋糕上面有 BTS

附錄

島內移工：一位臺灣工廠女工與她的日常生活，我的媽媽

芬蒂跟我說，她在高雄岡山工作時，每週晚間，總是捧著一杯全糖全冰的珍珠奶茶，到公園廣場看臺灣阿姨跳土風舞。她看著阿桑們揮灑汗水，吸管吸進去的珍珠奶茶讓腦袋透涼，這是她在臺灣工作最放鬆的時刻。

而在二〇二一年，當我偶爾從臺北回關廟的時候，發現我的媽媽也在我與妹妹都離家之後，無聊的她，開始跳起了阿姨土風舞。

在錯置的時空當中，如果芬蒂看著的那個臺灣阿姨，正是我媽媽。那媽媽的生命，跟移工有什麼相似與關聯呢？

在本書的訪談過程中，我發現，幾乎在每場訪談裡，每一位看護、漁工、廠工的生命情境，或多或少，我都在裡頭發現了一些自己的影子。如果說，移工與我、我們其實非常相像。最後這篇文章，我想回到最初開始讓我接觸到移工的人：我的媽媽。

我的媽媽是漁夫的女兒，她從高雄茄萣嫁到臺南關廟，從我出生起，就一直在關廟產業道路旁的工廠當女工。她當女工，同事是移工。我媽媽的日常生活，其實我一知半解，只知道她偶爾會跟團遊覽，拍一些看起來很開心的相片。在我到臺北生活後，在家庭的 LINE 群組中，她幾乎每天傳「今天加班」。和移工一樣。

我的媽媽，也是一位島內的移工。

討海人的小孩

我有一個小時候的記憶。媽媽在工廠上班，有時公司舉辦年度烤肉聚會。同事們開車相載，一起去某個山裡的烤肉場，聽媽媽說，爸爸不是那麼喜歡載外勞。在我兒時的印象中，外勞就是媽媽的同事。我們一起烤肉。我不懂他們的語言，對他們只有一丁點印象。

媽媽民國五十六年生，茄萣人。家中有五個小孩，媽媽是老么。媽媽摸著她的肚子，說老么吃得比較多。媽媽出生時，茄萣外公就在捕魚，跑遠洋也捕近海，什麼魚都捕，冬天烏魚特別多。茄萣外婆是家庭主婦，她在家裡做手工藝，兼賣一些囝仔咪[2]（gin`-na -mi`）。過去茄萣討海人多，「討海的抓比較無，我們家比較窮。」媽媽家裡窮，但可以吃到很多魚，外公跟船員出海跑船，沒賣完的魚就會帶回家裡。跟東港很像。我記得在東港的海員聯誼中心FOSPI田野訪談的時候，漁工們會默默帶回許多船上不要的魚回來料理，就可以煮得比較辣。

媽媽小時候，全家住在一間小平房，平房大概一個客廳大小，天花板矮矮的，裡面放不同方向的床。她國小時家裡標會，用會仔錢借到錢，蓋了現在茄萣外公、大舅舅、二舅兩家人住的透天厝。

在媽媽的童年中，還住在平房的時候，她和哥哥姊姊同睡上下鋪，茄萣外公、外婆睡一張雙人床，中間用布簾遮起來。媽媽喜歡躲在棉被裡看瓊瑤小說、漫畫《尼羅河的女兒》。小時候，茄萣外公也帶媽媽、二舅去廟亭看歌仔戲。有時不同的廟晚

2 囝仔咪（gin`-na -mi`）：小朋友喜歡的遊戲、糖果餅乾。

間也有布袋戲、放電影，媽媽會跟著二舅去看電影。那時的電影有瓊瑤愛情片、打鬥古裝功夫片。媽媽說那時看戲、看電影，大家都是一人拿張椅子去看，外公會拿錢給媽媽買雞蛋冰。媽媽說，她小時候也有賣冰西瓜，將西瓜冰得冰透，再撒上甘草粉，「好甜喔。」媽媽滿意的笑起來。

茄萣靠海，大人會在魚市場喊魚；那時的小孩們，也有一種休閒娛樂是「喊甘蔗」。

每當廟前廣場晚上播電影的時候，晚間七、八點，都有人開車來賣甘蔗。小孩們聚集在甘蔗車四周，「用喊的」標價買甘蔗，喊一支多少、三支幾塊錢。孩子們得意的喊到甘蔗後，就將長長的甘蔗抽出來。因為甘蔗很長，買了就拖回家吃。每當放電影散會，會有一大群小孩拖著甘蔗走回家，回家慢慢啃。

媽媽說，茄萣的廟很多，這個討海的村莊都是拜王爺、媽祖較多。頂茄萣拜王爺公，下茄萣拜媽祖婆。茄萣和我爸爸的家鬮廟一樣，一個小村落就有一間廟座落。東港三年一次迎王，鬮廟十二年一次建醮，茄萣的建醮則沒有固定的時間，媽媽不太知道下次是什麼時候。

茄萣外婆和二舅很信下茄萣金鑾宮的媽祖婆。因為正廟沒有乩身、不問事，外婆和二舅經常會去廟裡跟媽祖婆聊天，用擲筊的。「他們就在心裡跟媽祖聊天，問問題，然後擲筊，繼續聊天。我們家的人都會這種跟媽祖講話的方式。但我不太會。」媽媽不會擲筊跟媽祖聊天，但是媽媽喜歡拜拜。她覺得拜拜的意義就是求安心，就這樣跟著人家拜了。

我知道從我小時候到現在，媽媽每年春節、清明、中元都會拜拜。小時候看著她端出雞、端出四果，節日一來就知道要買什麼款式的金紙，我心想，這些繁雜的拜拜程序應該會終止在我手裡，媽媽到底怎麼學會的？「小時候我也跟妳一樣啊，看我媽媽拜拜，我什麼都不會。」媽媽說，是因為結婚，嫁到一個家庭，就跟著這個家庭走。我阿嬤教她的。

許多茄萣人長大後，因為去臺南市只要半小時，人們幾乎都會去臺南念書、工作。媽媽剛出生時，大舅舅差她十一歲。大舅舅國小畢業，就去臺南當打金仔的學徒。打金仔是一種鍊金、銀、銅的工作，做首飾、戒指、耳環、項鍊都有。茄萣漁夫的下一代，很多人去臺南學打金仔。當時就像花東部落會有牛頭招男丁去跑遠洋一樣，在茄萣，也有人來招募打金仔的學徒。大舅舅去臺南學打金仔出師之後，開始在家中做起打金仔的小生意。連同茄萣外公，大舅舅、二舅、大阿姨、二阿姨和我的媽媽，一起跟著大舅舅在家裡打金仔養家。因為家裡蓋透天厝，跟標會欠債，每個月要還錢。媽媽從國中開始，下課後就回家幫忙打金仔。

民國七十六年，臺灣開放兩岸三通。臺灣人流行找人家做「探親戒」，那時正是臺灣打金仔最輝煌的年代。媽媽從國中就打金仔，做到她二十八歲。她說茄萣外公是個固執的人，說到底也不肯讓她離開家，去外面闖。我想起媽媽以前要我當公務員，我不喜歡，她不是也跟外公一樣嗎？直到跟她訪談，女兒跟母親的誤會終於解開，「那只是我擔心妳的工作，全天下的父母都會希望小孩穩定啊。但因為我以前被我爸爸綁住，我很懂那個感覺，妳做什麼都好，我想讓妳自由。」

媽媽好想要自由。她二十八歲時，外婆過世了。媽媽用存款先在臺南買了一間公寓，貸款一百萬，搬了出去。

好想去臺南

我高中在臺南讀書。每到週末要去學校自習，早晨八點從關廟往臺南市區的公車上總是擠滿外勞。我的印象非常深刻。公車會經過兩旁都是工廠的產業道路，也途經

媽媽上班的工廠。就這樣，移工們週末要放假，一個個上車，他們全身噴滿古龍水的味道。當時我在車上覺得好擠，外勞經常多到我沒位置坐，覺得好煩。

媽媽去臺南後，在東區的永大路賣鍋燒意麵。賣了半年，因為收入沒辦法讓她繳每月一萬多的貸款，她就去了崑山高中（今臺南崑山大學）旁邊的紡織廠顧水車。她在紡織廠上班，因為紡織廠當時輪三班，薪水價錢好，可以讓她繳房貸，過得自在。

媽媽說，當年她們要找這些工作沒有一〇四人力銀行，都是看報紙找工作。她看了《中華日報》找到工作。找工作的途徑一種是報紙，還有一種是公布欄、路邊電線桿上的徵才、租屋公告。她記得徵人告示幾乎都是半張A4紙貼著，上方會寫職缺、薪水，和聯絡的B. B. Call（傳呼機）號碼。

媽媽以前還在茄萣打金仔的時候，每到休假就到臺南補習英文。我聽了有點驚訝，竟然去補英文？她說因為她覺得英文不好，想把英文學好。媽媽說很奇怪，自己KK音標的拼音都連不起來，好難。

媽媽在臺南工作的時候，假日都怎麼過的？媽媽做鍋燒意麵生意的時候，認識了幾個客人朋友，是一群在附近髮廊工作的女生。她們假日就約著一起唱卡拉OK。媽媽也和朋友逛街，她們會到臺南的中正路買東西，也去西餐廳吃牛排。媽媽說那時的她是小資女，當時臺南市的西餐廳一頓飯錢就要兩百到四百塊，媽媽喜歡跟朋友吃西餐廳。當時她的薪水大約三萬，現在在工廠上班也是三萬，只不過當年一個便當只要五十塊。媽媽假日也去臺南的中國城，以前的中國城有什麼？她說中國城像一個有屋頂的夜市，有我喜歡吃的棺材板，還有夜市牛排、賣衣服的攤子。

我跟媽媽說，我訪問的看護們，她們以前有在交筆友耶。妳們那個年代，是不是流行筆友啊？（我的媽媽，有筆友嗎？）

媽媽說當年幾乎每個人都有筆友，內向的人交筆友比較多。筆友就是會寫信、寄相片。媽媽高中畢業兩年後，就交到一位筆友。「我跟他寫信很久喔，是個男生喔。」我眼睛一亮。媽媽的筆友住得遠，住在阿里山。兩人寄照片的時候，媽媽得意的說，她給他一張站很遠的相片，看不太清楚人臉的那種。但那時男生就很古意，寄來一張大頭照。他們每一、兩週通信一次，當年寄一封信要一、兩塊錢。媽媽和阿里山的筆友通信到彼此結婚，對方結婚時她寄了禮物，媽媽結婚時阿里山筆友也送了禮。兩人從沒相見過，但後來也沒聯絡了。

那時還是一九九〇年代。媽媽當年在臺南生活，還沒看見外勞的身影。臺南火車站也還不是移工的社群。

二〇一七年我休學回臺南，每個週日，總是會到臺南火車站。週末的火車站，有從平日長時勞動裡解放休假的移工，印尼人與越南人會在臺南公園，菲律賓人會在火車站前俗稱「Black Building」的國賓大廈，那裡有廉價旅社讓移工情侶安身求溫存。一旦假日過去、平日到來，移工們回到工廠和雇主家，火車站幾乎剩下轉乘公車的高中生沓雜，他們到國賓大廈一樓的便利商店，儲值悠遊卡回家。

而媽媽第一次碰見外勞，是她結婚、生了我之後，到工廠工作的事了。

媽媽與外勞同事

我上臺北讀書後，開始比較認識「外勞」了。大部分時候，我把「外勞」這個名詞替換成「移工」。因為人們說要稱呼「移工」比較有禮貌。但是每當回關廟，阿嬤問我在臺北做什麼的時候，我說「移工」時，阿嬤聽不懂。那之後我開始沒那麼在乎政治正確的用詞了，能溝通比較重要，最重要的是心裡有禮貌。

媽媽和爸爸，是經由紡織廠的一位同事介紹認識。媽媽一九九六年結婚，搬來關廟，隔年生下我。結婚後她在家裡縫衣服做家庭代工。我一歲時，鄰居說有間在歸仁、關廟交界的「萬在工廠」缺人，工廠專做汽車、飛機的冷氣散熱片。媽媽去了萬在工廠當作業員女工，開始成為外勞的同事。

媽媽說，一開始在萬在的外勞泰國人比較多，也有一些印尼人。她說泰國人比較懶惰。印尼人有的是大學生，簡單的英語可以溝通。我問她，跟外勞相處有什麼要適應的？媽媽覺得主要仍是語言的問題。在工廠中，待久的外勞會負責教新來的外勞操作機器。但媽媽覺得外勞做事比較隨便，會覺得沒關係，有做就好。為什麼呢？媽媽說因為他們有種來做工時的感覺，但當然也會有很勤奮的外勞。就像臺灣工人一樣，有人懶惰、也有人勤勞。不過媽媽說她的外勞同事常說「沒關係啦，老闆沒看見。」

媽媽的外勞同事，日常都怎麼過呢？媽媽說他們有的人揪出去玩，臺灣員工有些聚餐也會邀外勞一起。例如有外勞要回印尼，他們會邀外勞一起聚餐，幫他們付錢。工廠外勞領的是臺灣法定的最低基本薪資，看護和漁工都沒有。媽媽上早班的八點到下午五點十分，工廠外勞幾乎上晚上七點半到凌晨四點半的晚班。工廠依當期訂單，有分大月、小月，小月沒有晚班，但大月時媽媽和外勞經常加班。

外勞同事的假日都在幹嘛呢？媽媽說他們假日就去坐公車，有老婆的人找老婆。他們會自己坐車去臺南火車站轉乘客運或火車，有時去臺北、臺中玩。

媽媽說，她有去過工廠裡外勞的宿舍。裡面有一個大客廳，一間間的房間，公共空間放了健身器材，還有一些可能是他們自己的廚具。大家會一起煮東西吃，「坐在地板上吃耶，有的臺灣男同事會被他們邀來一起吃。」媽媽說工廠宿舍每天有晚間十點半的門禁，但疫情之後，大家就比較少出門了。

我再問媽媽，除了語言之外，和外勞相處還有什麼要適應的？媽媽說外勞其實都會幫助別人。比較粗重的工作，他們都會自動選擇去做。如果外勞跟女生搭配做事，他們也都會主動幫女同事擔比較粗重的工。

在媽媽的工廠中，做最久的外勞已經十二年了。我問媽媽，那她會印尼文嗎？媽媽說自己當工廠組長的時候，如果看到外勞做不好，會跟他們說「matamu」。就好像我在東港聽見身旁的漁工在模仿船長講幹你娘，覺得很好笑。她說「matamu」的時候外勞會一直笑，但媽媽不懂「matamu」究竟是什麼意思。我跟她說「mata」就是眼睛，「mu」就是你。

「那不就是目小？」

「嘿對！」

我問起外勞交女朋友的事情，媽媽說他們回到有老婆的印尼，就和這裡的女朋友分開，她覺得很亂。媽媽問我覺得呢？我說，我比較會從需求去看，他們在這裡也有性和感情的需求。並跟她說我在都蘭聽到的例子。早期阿美族跑遠洋、做紡織的時候，其實留守或在外的人們也會交男女朋友。媽媽覺得以她那一代人的觀點，會覺得這樣不好。「妳們這一代人，可能是新興人類吧。」媽媽說外勞交女友很普遍，她不解「連醜得要死的也有女朋友」。我一直笑。

媽媽下班後會和外勞一起出去玩嗎？「沒有，我們有家庭啊。」媽媽結婚後的假日就是在家顧小孩，沒有什麼其他休閒娛樂。頂多偶爾跟同事聚餐，或爸爸會開車帶媽媽和我們出門兜風。她說工廠裡有家庭的工人和單身的工人，生活是差很多的。單身的工人比較會往外跑，也有些單身男同事會跟外勞一起玩，但已婚的工人下班後就在家庭之中。

媽媽的日常

在我開始對寫作有興趣，第一篇深度報導〈移工怎麼都在直播？〉（本書輯三第一篇）時，媽媽也幫了我的忙。某次回關廟，她幫我用 LINE call 了她的印尼資深同事小黑。訪談中，我的印尼文不太好，但我發現媽媽很厲害，她已經會說能和印尼人順暢溝通的中文語調，而且還可以說說笑笑。

她跟小黑說：「在臺灣有沒有賺錢多多？不要懶懶不做。」我在旁邊聽，發現媽媽跟他們的關係很有趣，有時候很平等，但有時候媽媽會想探聽一些他們生活上的狀況，這時，小黑就會裝傻。

在我跟妹妹都長大北上之後，關廟的家剩下爸爸與媽媽。媽媽說小孩離家後，「我自由，但是無聊。」

二〇二一年五月，媽媽開始在關廟松腳里的玄武廟前廣場跳阿姨士風舞。媽媽跳舞，因為想減肥。以前她晚上的運動只有走路，覺得太單調了，所以想增加不同的運動方式減肥。她揪同事一起去學。一個班共有二十幾個人，有老師、班長。每週二、每週五的晚上八點至九點。她從工廠下班換裝後，就騎車去廟那邊跳舞。有時我回關廟，會看到媽媽在二樓的房間，前面放著手機的影片，她穿著護膝，前前後後踏，在記舞步。媽媽跳的舞不是交際舞，是運動型態的舞。每週老師教一首歌，大部分是臺語歌。有時媽媽也會跟著阿姨舞團，去關廟的「鳳梨竹筍節」表演。

我問媽媽，跳舞什麼最難？她說是學舞步。一起跳舞的阿桑很多都六、七十歲了。但她覺得流汗很爽，因為可以瘦身。她喜歡動作大的舞步，這樣汗水就可以爽快的滴落下來，燃燒熱量。

媽媽結婚後，就很少跟以前的朋友聯絡，因為聯絡要說很多的話，爸爸不喜歡她一直打電話。以前有一次，我們全家還在舊家跟阿嬤一起住的時候，兩間平房的電話是通的。媽媽跟朋友打電話，阿嬤曾經偷偷接起來聽。媽媽知道她在偷聽，但沒有拆穿，就繼續跟朋友講電話。她說她聽得出來阿嬤偷聽，因為兩支電話同時接起來的感覺是不一樣的。聽媽媽說她知道阿嬤偷聽電話，她不服氣，但不拆穿，只是看不過去，有一點不爽，忽然也有一種自由的感覺。她在態度裡，不是那種全然沒有主權的媳婦。

媽媽從茄萣娘家，結婚到關廟的家。如果說就像移工一樣，「移動」總是可以從「過去的地方」擺脫一些煩惱，但到達一個「新的地方」時，也仍有新的煩惱孕育出來。那媽媽在「過去的地方」、「新的地方」擺脫和新長出來的煩惱是什麼呢？

媽媽說自己兩個哥哥很早就結婚了，哥哥們結婚後，家裡連著的兩棟透天厝一家子各住一邊。外婆還在世的時候，媽媽就跟著外婆去二舅家吃飯。但當外婆過世，在兩棟透天厝來回跑的時候，她忽然覺得自己像一個外人。「那種感覺很奇怪，我好像外人，可是我又知道我不是外人。我很像多了出來，因為其他人都成家了。」結婚後，媽媽才擺脫了這種感覺。但結婚之後，新的煩惱就是我們——她的小孩，怕小孩生病、怕沒有錢。

我問她，那失去外婆的感覺是什麼？她說，就是一個親人忽然不見的感覺，她記得那時候自己滿難過的。

我跟家人的關係沒有特別的親密，也不會分享心情。但只有這種時候，媽媽和我都能以訪談為藉口，暫時安全的往前踏一步。

她語帶幽默地問：「我過世了你會難過嗎？」

「會啊。」

「會喔？」

她滿意地得到我平常不會說出口的答案。

後記

謝謝你們看到最後。

寫完書的此刻，我忽然有點恍惚，這兩年來這個寫作計畫一直是我生活中最重要的事，也是我畢業後第一份工作，我一直奔跑與追逐，此刻停了下來。

至今，我仍然覺得這是個不可思議的旅程。三年前，我永遠沒想到我會寫一篇報導，甚至是一本書。

其實在這本書剛開始的田野訪談，我不是很有自信，因為移工議題領域比我還要資深的前輩這麼多，憑什麼是我來書寫呢？我的印尼文也不是很好。在寫作初期許多時候，會面對冒牌者症候群與自我懷疑。編輯在我處於低潮的那段時間，跟我說了一段阮籍和嵇康的故事，他說，所謂的「迷信」是，不曾懷疑過自己的相信；曾經懷疑過自己，才是「正信」，對所有寫作者來說，有過自我懷疑才是正常與健康的。

書稿完成後，跟編輯一起校稿，回顧剛開始還充滿許多負面情緒那個時期寫的文章，卻發現，那段時間的文字，自己其實是很喜歡的、清澈的。我知道自己尚有許多不足，但那才可以慢慢進步。或許是那小小的相信與不相信，帶我走到這裡。

一直以來，我都是在這個議題的朋友圈中，年紀比較小的妹妹，被身旁的朋友照顧著。小時候我覺得移工「危險」，後來覺得他們「可憐」。來臺北生活後，朋友雅婷帶著我到臺灣各地的移工家裡去，庭寬帶我第一次出國去印尼、手把手跟我分享做田野的方法，那幾年我漸漸發現，原來「可憐」也只是一種標籤，更重要的是身而為人，本來就有很多種樣子。

「從危險到可憐，到人有多面，然後呢？」在書寫這本書之後，我開始思索自己對議題的觀察，接下來可以走到哪裡？我自己的觀點是什麼？

我想了想，目前針對移工主題的報導文學書寫，多聚焦在勞動中對移工的壓迫，或是組織因為記錄的功能性，文字常偏向正向勵志。在這幾年的田野訪談中，我發現我認識的印尼朋友們，不一定所有人都在勞動處境裡過得悲慘，也有人遇上好雇主，但在她的工人身分裡，還是有自己的障礙；也不一定每個人回鄉之後，就是賺了錢過得幸福無憂，但是在現實不如想像同時，她或他還是試圖尋找自己的快樂。

光譜兩端，移工主題的報導文學，較少針對除了「勞動辛苦」、「勵志動人」光譜兩端之外，中間的光譜，也就是移工日常生活，提出好奇，並緩緩地梳理。如果生活不是非常憂、非常喜，如果這還不是真正的答案，那些沒能言說的、關於那些「不會是什麼，又還會是什麼」的疑問，在這本書中，我想更關注於「日常」。在移工的日常之中，各樣日常的細節、情緒，是如何構成生活的總和。

移工是一群特殊身分的人群，但真有那麼不一樣嗎？我曾在一場演講中，聽顧玉玲老師說，當我們不喜歡處於極端狀態的人，或是邊緣的人群，我們總是藉著敘說或強調他跟我們的不同，來證明，那不是我。

但當我們回到個人與日常，最後會發現，「啊，那也是我。」

就在我訪談英塔利的時候，她說，每當她打電話給她的小孩，小孩總是說「我在忙，坐公車，等等打給妳」。但等到晚上、坐完公車，小孩已經忘記打給她了。

那一刻，我在英塔利面前，心中忽然有一陣聲音敲響而來（啊，那是我。）

我對待我的媽媽，也是這樣。

我在小傑與阿娣身上也看見沒有自信的我，我覺得自己憨慢、不擅長講話，但兩年寫作以來卻體悟到，那些外在的形式、寫作的表現方式不是很重要，重要的是發自內心想說什麼，重要是心意。

這幾年間，我經常在移工的表演秀場或相關的演講看見一種阿伯，或阿姨。

通常這種阿伯會站在旁邊，問說：「欸那些外勞怎麼不去上班，在這邊跳舞？」在比較早的時候，我會覺得這類阿伯講話政治不正確，有點偏見。可是再繼續跟他談話下去，會發現他是在內心真誠的對這些跳舞的外勞感到好奇，問說欸她們服裝哪裡來的、這什麼舞啊好奇怪喔。

後來，我看見他們心中那樣充滿好奇的閃亮眼睛，會覺得真美麗。

我記得之前也曾經聽顧玉玲老師在演講時說，同理心其實是一個幌子，她真正相信的是好奇心。因為大家都可以說他有同理心，可是人們的生活還是兩條平行線，但如果擁有好奇心，平行線就有交會的可能。

好奇心，也開啟了我對書寫的興趣。二〇一七年的某個凌晨一點鐘，我打開了朋友得軒推薦的 Bigo Live 直播 APP，我看著這個 APP，滑來滑去，發現裡頭怎麼有這麼多印尼人直播自己的臉在睡覺？真是太有趣了。這個好奇，也讓我像夢一樣，跑進一個神奇溜滑梯，從一篇小小的直播報導，到了更遠的地方。

這本書不是只屬於我一個人。我覺得，這本書更屬於我們這一輩、踏踏實實在各個地方做著移工田野的每位好朋友。謝謝這本書中，所有能具名、不能具名的受訪者們，因為你們的信任，讓我得以傾聽你們的故事，將它記錄下來。

感謝

謝謝訪談一路以來，曾經幫助過我的老師與朋友們。

在整本書的田野之中，特別感謝庭寬、雨楨在田野的陪伴，讓我覺得不孤單。謝謝庭寬跟我一起回到了都蘭去認識小花，也帶我到東港，認識你這幾年在這裡交到的好友，雖然你已經到了高雄，但是能有田野的機會去找你，覺得好像回到了以前大家相聚的時光。謝謝雨楨經常傾聽我在田野時的傷心與對自我的懷疑，也感謝妳在加拿大工作時，還抽空幫我看完了所有的書稿，給了我實用的修改建議。尤其感謝你們在幾場訪談中的翻譯協助、名詞校對。

謝謝嘉晏的支持與加油打氣，也謝謝得軒在好幾年前介紹我 Bigo Live、幫我牽線桃園的賽跑蝸牛車隊。謝謝 Sally 過往在臺南的陪伴，也帶我做客工的田野，那是一段很開心的時光。也謝謝我的好朋友們一路以來的鼓勵，謝謝思潔經常跟我一起聊寫作的種種、亮好無條件的支持我；秦敏、秦芳牽線爸爸媽媽讓我訪談，無法具名的學妹恬真的陪伴；謝謝 Linda 幫我校稿了書中出現的印尼文。

謝謝念萱老師，如果二〇一九年我沒有上老師的進階採寫課，至今不可能完成這本小書。每每從田野回到書桌，要開始寫作每一篇文章的時候，我總是把老師那時課堂上講的「不要藉由報導說明道理，而是著眼於生活共同之處」寫成小紙條，放在書桌上。也謝謝課堂中梁玉芳老師、鐘聖雄老師的指導，讓當初的報導從沒頭沒腦的想法、不忍卒睹的初稿，變得更好。

謝謝編輯，在我寫完直播報導後，我其實經歷了半年的自我懷疑，我心想，我還能這麼好嗎？我憑什麼？半年後某天，不相識的他寄了一封信到我的信箱中，問我有沒有寫書的想法？讓當時的我忽然能再抬頭起來，試著寫寫看。那時我正在大四畢業前的迷惘中，不知道以後可以做什麼工作，也謝謝當時劉吉雄導演邀請我擔任《澎湖難民營三部曲》專書的助理，讓我在寫書期間，也有一份安心的收入支撐生活。也因為這本書，讓我明白原來做喜歡的事情，同時又能養活自己，是可能的。我還在一步一步往自由文字工作者的路上努力著。

最後謝謝我的媽媽、爸爸和妹妹，還有阿嬤。我的求學生涯並不是那麼規矩與順遂，謝謝你們仍是傾聽我的想法，支持著我。

訪談媽媽的時候，我跟她說了英塔利的故事，並吞吞吐吐的跟她說，我好像也冷淡對妳。上臺北後，媽媽打給我的電話裡，我好像總是很忙、總是有工作，會跟她說電話等等再打。後來幾年間，我發現媽媽好像漸漸怕吵到我，不太敢打電話了。

但在訪談媽媽之後，有一次我跟媽媽打電話，她問了一些我生活還過不過得去的問題，最後掛斷前她說，江婉琪，妳要加油哦。

我會繼續加油的。

參考書目

1. 提姆．克雷斯維爾（Tim Cresswell）著，徐苔玲、王志弘譯，二〇〇六，《地方：記憶、想像與認同》，群學出版。
2. 彼得．艾迪（Peter Adey）著，徐苔玲、王志弘譯，二〇一三，《移動》，群學出版。
3. 西蒙．德．波娃（Simone de Beauvoir）著，邱瑞鑾譯，二〇二〇，《論老年》，漫遊者文化。
4. 艾莉絲．摩根（Alice Morgan）著，陳阿月譯，二〇〇八，《從故事到療癒：敘事治療入門》，心靈工坊。
5. 楊士範，二〇〇五，《礦坑、海洋與鷹架》，唐山出版社。
6. 楊士範，二〇一〇，《成為板模師傅》，唐山出版社。
7. 謝國興，二〇二一，《禮祝下鄉：驅瘟逐疫祭典中的王府行儀——臺南、東港、漳州比較研究》，蔚藍文化。
8. 王墨林，二〇〇九，《臺灣身體論：王墨林評論集一九七九—二〇〇九第一卷》，左耳文化。
9. 安娜．羅文豪普特．秦（Anna Lowenhaupt Tsing）著，謝孟璇譯，二〇一八，《末日松茸：資本主義廢墟世界中的生活可能》，八旗文化。
10. 顧玉玲，二〇〇八，《我們：移動與勞動的生命記事》。
11. 藍佩嘉，二〇〇八，《跨國灰姑娘》，行人出版。
12. 麥高登（Gordon Mathews）著，Yang Yang譯，二〇一三，《世界中心的貧民窟：香港重慶大廈》，青森文化。
13. 蘇美智，二〇一五，《外傭：住在家中的陌生人》，香港三聯。
14. 魏明毅，二〇一六，《靜寂工人：碼頭的日與夜》，游擊文化。
15. Trans/Voices Project（TVP），二〇二一，《歌自遠方來：印尼移工歌謠採集與場景書寫二〇二一》，獨立出版。

國家圖書館出版品預行編目 (CIP) 資料

移工怎麼都在直播 / 江婉琦著 . -- 初版 . -- 新北市 : 木馬文化事業股份有限公司出版 : 遠足文化事業股份有限公司發行 , 2022.10
352 面 ; 14.8×21 公分

ISBN 978-626-314-260-2 (平裝)

1.CST: 移工　2.CST: 外籍勞工　3.CST: 通俗作品

556.56　　111015228

移工怎麼都在直播

作　　者——江婉琦
社　　長——陳蕙慧
總 編 輯——戴偉傑
主　　編——何冠龍
行　　銷——陳雅雯、趙鴻佑
校　　對——翁蓓玉
封面設計——兒日設計
內頁排版——簡單瑛設
印　　刷——呈靖彩藝

出　　版——木馬文化事業股份有限公司
發　　行——遠足文化事業股份有限公司（讀書共和國出版集團）
地　　址——231 新北市新店區民權路 108-4 號 8 樓
郵撥帳號——19588272 木馬文化事業股份有限公司
客服專線——0800-221-029
客服信箱——service@bookrep.com.tw
法律顧問——華洋法律事務所 蘇文生律師
定　　價——380 元
初版四刷——2023 年 9 月

I S B N——978-626-314-260-2（紙本）
9786263142992 (EPUB)
9786263142985 (PDF)

國|藝|會 本書獲國藝會創作補助

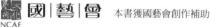

跳舞結束後，Uters 舞團害羞走下臺，
要在傍晚前匆匆趕回家。